KB205879

예수 영성 시리즈 **3**

예수의 영성

류기종 지음

kmc

차례 *Contents*

머리말

예수의 영성은
기독교 신앙과 영성의 원천

　　「팔복의 영성」과 「주기도문의 영성」에 이어 "예수 영성" 시리즈 세 번째 책인 「예수의 영성」을 내놓게 되어 반가운 마음 그지없다. 「팔복의 영성」과 「주기도문의 영성」이 산상수훈에 들어 있는 예수님의 말씀 중 극히 일부분에 기초한 것이라면, 이 책은 사복음서 전반에 나타나 있는 예수님의 교훈과 삶 전체에 관계된 것이 특징이다. 그런 점에서 이 책의 내용은 기독교 영성, 특히 영성신학의 중심내용과 중심원리에 관계된 것이라고 말할 수 있다,

　　요즈음 영성이란 말이 너무나 흔하게 사용되어, 참된 기독교 영성이 무엇인가 혼동을 일으킬 정도가 되었다. 내가 예수영성 시리즈를 쓰게 된 주동기와 목적은 도대체 "영성" 혹은 "기독교 영성"은 무엇을 말하는 것인가 하는 문제 그리고 특히 우리 기독교 영성의 핵심내용 즉 핵심원리가 무엇인지를 규명해 보려 함에 있다.

　　그동안 나는 목회자들이나 평신도 지도자들에게서, 도대체 "영성"이란 무엇인가 혹은 기독교 영성이란 무엇을 말하는 것인가 라는 질문을 수없이 받았다. 그러면서 영성 혹은 기독교 영성에 관

해 아주 쉽게 접할 수 있는 책이 꼭 필요함을 깨닫게 되었다. 내가 지난 1990년대 초반에 신학대학의 영성신학 교재로 사용하기 위해서 「기독교 영성 : 영성신학의 재발견」이란 책을 저술한 이후, 목회자나 신학생뿐만 아니라 평신도들까지도 쉽게 기독교 영성의 본질을 알 수 있도록 하는 안내서가 필요함을 절실히 느껴왔다. 그래서 예수 영성 시리즈를 집필하게 된 것이다. 영성 혹은 기독교 영성이란 바로 예수님의 말씀과 삶 곧 예수 그리스도의 영성에서 나온 것이기 때문이다. 그런 점에서 예수 그리스도는 기독교 영성의 원천 (Original Spring)이요, 뿌리요, 핵심이요, 처음과 나중이라고 말할 수 있다. 따라서 기독교 영성은 바로 예수 그리스도가 어떤 분인가를 바로 아는 일이며, 그의 인격과 삶을 본받는 일이며, 그분의 마음을 내 마음 속에 품는 일이다. 바꾸어 말하면 예수의 영성을 바로 알지 못하면 기독교 영성이 무엇인지 알지 못할 뿐 아니라 기독교 신앙의 본질이 무엇인지도 알 수 없게 된다는 말이다.

15세기 유럽의 큰 영성가이며 「그리스도를 본받아」의 저자인 토마스 아 켐피스는 기독교 영성이란 바로 "예수 그리스도를 본받는 일이다"라고 한 마디로 정의했다. 기독교 영성의 본질을 이보다 더 간략하면서도 정확하게 표현한 말은 없는 것으로 사료된다. 그러나 우리가 예수 그리스도를 어떻게 본받아야 하며, 무엇을 본받아야 하는가가 문제이다. 이 책은 바로 이 질문에 대한 해답이라고 말할 수 있다.

한편 나는 이 책에서 기독교 신앙의 중심 원리가 되는 신학의 주제들인 화육(성육신)의 진리, 삼위일체의 진리, 새 창조의 진리, 해방과 치유의 진리, 섬김의 진리, 천국실현의 진리, 그리고 현대인의 가장 큰 관심사인 자연과 환경, 즉 창조보전의 문제를 영성신학적으로 쉽게 풀이하려고 노력하였다. 이런 주제들을 취급하면서 깨달은 점은 기독교 신학과 신앙의 가장 중심문제인 신론, 화육론(Incarnation), 삼위일체론 등이 신학의 이론적(혹은 교리적) 문제가 아니라 우리 그리스도인의 매일 매일의 신앙과 영성생활에 관계되는 영성의 주제이며, 특히 예수님의 영성원리의 핵심이란 사실을 알게 되었다. 따라서 이 책에서 이러한 신학의 중심문제들을 누구나 쉽게 이해할 수 있도록 영성신학적으로 설명하려고 시도하였다. 따라서 독자들은 지금까지 어렵게만 느껴졌던 이러한 신학의 주제들, 즉 말씀이 육신(인간)이 되신 화육의 진리나 성부 성자 성령이 각각의 독립적인 인격체이면서 한 하나님을 이룬다는 삼위일체의 진리들이 우리의 매일 매일의 신앙(영성)생활에 어떻게 관계되는지를 발견하게 될 것이다.

이 책의 부록에서는 "동방교회의 영성"을 다루어 보았는데, 이것은 주로 신학생들이나 목회자들에게 우리 기독교 영성의 깊은 역사와 뿌리를 접하게 하기 위해서이다. 독자들은 이 글을 통해서 동방교회의 영성은 우리 개신교의 영성과 상당한 차이가 있으며 색다른 점이 있음을 발견하게 될 것이다. 그러나 동방교회의 영성은 예수 그리스도의 영성에 가장 가까운 점이 있기 때문에 예수의 영성을 이해하는 데 큰 도움이 되리라고 믿는다. 특히 동방교회의 영성은 감리교회의 창시자인 존 웨슬리에게 지대한 영향을 주었기 때문에 감리교회 목회자나 성도들이 웨슬리의 영성을 좀 더 깊이 이해하는 데 도움이 될 것이다.

끝으로 예수 영성 시리즈 세 권은 서로 긴밀하게 연결되어 있으며 상호 보완관계에 있기 때문에, 기독교 신앙과 영성의 본질을 좀 더 확실하게 알기 원하는 이들과 특히 기독교 영성의 원천과 핵심이 되는 예수 그리스도의 영성을 좀 더 체계적이고 깊이 있게 이해하고자 하는 이들은 이 시리즈 세 권을 함께 연계해서 참고할 것을 권한다. 또한 이 책은 목회자들이 교회에서 교인들의 영성함양과 훈련 교재로 사용할 수 있도록 하는 목적도 있다. 그러므로 목회자들이 일반 교인들뿐 아니라 특히 교회 임원들이나 교회학교 교사 및 청년들의 영성교육이나 영성훈련의 교재로 사용해도 좋을 것이다. 이 책의 출판을 허락해 주신 도서출판 kmc(출판국) 김광덕 총무님과 편집실 여러분의 노고에 깊은 감사의 말씀을 전하고 싶다.

2009년 3월
지은이 **류기종**

영성이란?

오늘날 교회 안팎에서, 기독교 관계 문헌들에서, 그리고 그리스도인들 사이에서 가장 많이 쓰이는 말이 바로 '영성' 일 것이다. 그러나 영성이 무엇인지를 정확히 정의하기란 쉬운 일이 아니다. 왜냐하면 영성 또는 기독교 영성이란 그 내용과 의미가 지극히 깊고 오묘하며, 또한 그 범위가 매우 포괄적이고 광범위하기 때문이다. 사실 '영성' 또는 '기독교 영성' 에 대한 개념 정의는 사람에 따라 다르며, 또한 쓰는 사람의 입장에 따라 그 의미가 매우 다양하기 때문에, 정말 기독교 영성이 어떤 것인지 혼동을 일으키게 되는 경우를 흔히 볼 수 있다. 또한 요즈음 영성이라는 말이 너무 남용됨으로써 기독교 영성의 본래 의미가 퇴색하는 경우도 종종 보게 된다.

그러면 참된 의미의 영성 또는 기독교 영성이란 어떤 것인가? 기독교 영성이 무엇인지를 정확히 알기 위해서는 먼저 기독교 영성의 원천과 뿌리(근거, root)를 알아야 한다. 기독교 영성의 원천(rooting spring)은 우리 신앙의 근거인 예수 그리스도다. 기독교 영성은 한편으로는 예수 그리스도의 교훈, 곧 그분의 가르침의 말씀에 기초하고, 다른 한편으로는 그의 영적 체험과 영성적 삶에 그 뿌리를 둔다. 그런 점에서 예수님의 교훈과 삶의 전 내용이 바로 기독교 영성의 근거이고 자료이며 또한 표준이 되는 것이다.

좀 더 요약하자면 기독교 영성은 전적으로 예수의 영성에 기초하며, 따라서 곧 예수의 영성을 지칭하는 것이다. 그러므로 기독교 영성이 무엇인지를 바로 알려면 예수의 영성을 알아야 하며, 예수의 영성이 무엇인지를 바로 아는 일이 곧 기독교 영성을 바로 아는 일이 되는 것이다. 요컨대 기독교 영성은 예수 그리스도의 영성을 바로 배우고 알고 익히고 깨우치고 체험하고 실천하는 일이라고 정의내릴 수 있다. 그러나 예수 그리스도의 영성을 바로 아는 것이 결코 쉬운 일이 아니다. 왜냐하면 그의 영성은 한없이 깊고 오묘하며 광범하고 또한 포괄적이기 때문이다. 따라서 예수의 영성과 기독교의 영성이 '바로 이것'이라고 쉽게 단정하는 것은 매우 위험한 일이다.

요즈음 우리가 흔히 듣고 사용하는 '영성'이라는 말은 '육적인 것'에 반대되는 희랍어 단어 '푸뉴마티코스(pneumatikos)'에서 나온 영어의 'spiritual' 또는 'spirituality'의 우리말 옮김으로서, 그리스도인의 영성적 삶의 모형(the pattern of spiritual life of the Christian), 즉 그리스도인의 참된 신앙생활의 원리와 양식을 말하는 것이다. 본래 기독교의 '신앙'이란 하나님과의 바른 관계 형성, 곧 그 사람의 영적 상태를 지칭하는 것이다. 여기서 우리가 주목해야 할 점은 '영성' 또는 '영성적'이라는 말과 개념은 전적으로 하나님과의 바른 '관계 형성'에 집중된다는 사실이다. 즉 기독교의 '영성'은 다름 아닌 신앙의 본질인 하나님과의 바른 관계를 지향하는 일이라는 것이다.

그런 점에서 그리스도인의 영성생활이란 신앙인의 참된(온전한) 삶과 그 의미가 같다. 따라서 그리스도인의 참된 신앙생활이 곧 참된 영적 생활이요, 또한 진정한 신앙인이 되는 일이 곧 영적인 사람이 되는 일이다. 그러므로 참된 신앙과 참된 영성은 동일한 내용이라고 말할 수 있다. 그렇다면 문제는 우리가 어떻게 진정한 신앙인, 진정한 영적 사람이 될 수 있느냐는 것이다. 그런 점에서 '영성'이란 참된 신앙인, 참된 영적 사람이 될 수 있는 그 '방법'에 관한 일이라고 말할 수 있다. 오늘날 많은 교회가 있고, 많은 교인이 있으며, 또한 많은 기독교 신자들이 있으나 예수님이 참으로 원하시고 하나님이 참으로 기뻐하시는 진정한 그리스도인, 참된 영적 그리스도인은 그리 많다고 볼 수 없기 때문이다.

오늘날 우리 주변과 교회 안팎에는 이름만 교인이지 참 그리스도인이라고 부를 수 없는 사이비 신앙인, 반쪽 그리스도인(half Christian), 형식적 또는 명목상의 신앙인, 심지어는 가짜 그리스도인 등 여러 종류의 신앙인들이 있다. 또 한편으로는 교회생활은 열심히 하지만 예수님의 복음의 참뜻과 신앙의 진수를 깨닫지 못하고, 신앙의 초기 단계에서 고민하고 있거나 맹목적 신앙, 혹은 문자주의적 신앙의 단계를 벗어나지 못한 신앙인들도 많이 볼 수 있다. 그런가 하면 예수님 당시의 바리새인들과 같이 기독교 신앙을 율법적으로 생각하고 무거운 멍에를 지고 사는 것으로 여기는 사람들도 있다.

예수님 당시 사람들도 이와 크게 다르지 않았다. 그래서 예수님은 자신을 따르는 사람들을 향하여 "나의 이 말을 듣고 행하지 아니하는 자는 그 집을 모래 위에 지은 어리석은 사람 같으리니."(마 7:26)라고 말씀하셨고, "너희가 내 말에 거하면 참으로 내 제자가 되고 진리를 알지니 진리가 너희를 자유롭게 하리라(요 8:31-32)."고 말씀하셨으며, 또한 "누구든지 나를 따라오려거든 자기를 부인하고 자기 십자가를 지고 나를 따라오라(마 16:24)."고 하셨다.

한편 열심히 교회생활을 하는 그리스도인들 중에도 신실하고 참된 신앙생활을 하는 일, 곧 예수님의 말씀대로 실천하며 사는 것이 참으로 어려운 것이거나 불가능한 것이라고 생각하는 사람도 있다. 그러나 이러한 생각도 잘못된 신앙관에서 비롯된 것이다. 예수님은 자신의 복음의 말씀은 결코 어렵거나 실천 불가능한 것이 아님을 마태복음 11장 28절 이하에서 잘 말씀해 주셨다. "수고하고 무거운 짐 진 자들아, 다 내게로 오라 내가 너희를 쉬게 하리라 나는 마음이 온유하고 겸손하니 나의 멍에를 메고 내게 배우라. 그리하면 너희 마음이 쉼을 얻으리니 이는 내 멍에는 쉽고 내 짐은 가벼움이라." 예수님은 자신의 멍에가 쉽고 가볍다고 말씀하셨다. 누구든지 참된 영성의 길인 예수님의 온유하고 겸손한 마음을 소유하기만 하면 참된 신앙생활, 곧 그리스도인의 영성생활이 결코 무거운 멍에를 지는 일도, 어려운 길도 아님을 알려 주셨다. 오히려 그러한 삶은 진정한 의미의 평화와 안식의 삶, 즉 모든 속박과 눌림과 불안에서 해방된 참 자유와 평화의 삶임을 말씀하신 것이다. 여기서 우리는 그리스도인의 영성적 삶은 결코 무거운 멍에 속에 사는 삶이 아니요, 그와는 반대로 어디에도 매인 바 없는 참으로 자유롭고 평화로우며 감격적이고 신명나는 삶임을 알 수 있다.

11

또한 일부 그리스도인들은 '영성' 이라는 말이 개신교 전통에서는 지금껏 별로 사용된 적이 없는 생소한 것으로, 주로 중세의 수도원적 개념이거나 아니면 가톨릭 전통에서 사용하는 개념이 아닌가 하는 의문을 품기도 한다. 또는 개신교회의 영성을 16세기 유럽에서 일어난 종교개혁자들의 복음주의 운동, 즉 하나님 말씀 중심의 신앙생활인 '경건(piety)' 운동 내지는 청교도들의 신앙 전통인 검소한 생활 운동에서 찾아야 한다고 말하는 이들도 있다. 물론 기독교 영성은 종교개혁자들의 말씀 중심의 복음주의적 경건 운동을 매우 중요시한다. 왜냐하면 기독교 영성은 복음의 핵심인 예수 그리스도의 말씀과 삶을 떠나서는 성립할 수 없기 때문이다.

그리고 이러한 말씀 중심의 경건주의 운동은 18세기에 유럽과 영국을 중심으로, 그리고 19세기엔 미국을 중심으로 일어난 경건주의 운동(pietism movement)과 영적 각성 운동을 꽃피웠다. 그러나 기독교 영성은 이러한 개신교의 복음주의 운동과 경건주의 운동에 한정되는 것이 아니다. 기독교의 영성은 개신교 전통의 한계를 뛰어넘어, 예수님 이후 사도들과 속사도들 및 고대의 교부들과 사막교부들의 영성, 그리고 동방교회의 영성을 비롯하여 중세의 수도원 운동까지 다 포함하는, 기독교 2천년 사에 걸친 건전하고도 복음적인 영성 운동을 모두 포괄하는 것이다.

본래 '영성' 이라는 말과 개념은 중세의 수도원적 개념이나 가톨릭적 개념이 결코 아니라 성경 말씀에 기초한 성서적인 개념이요, 전적으로 복음적인 개념이다. 왜냐하면 바로 예수님이 영성의 중요성을 강조하셨기 때문이다. 예수님은 먼저 우리의 예배가 참으로 '영성적(spiritual)'이어야 한다고 말씀하셨다. "하나님은 영이시니 예배하는 자가 신령과 진정으로 예배할지니라." 이 말씀을 통해 예수님은 우리의 예배가 온전히 '영적인(spiritual)' 예배여야 할 것과, 또한 하나님은 영적인 분(실재)이시기 때문에 그분과 참 관계를 맺기 위해서는 우리가 육적인 사람에서 영적인 사람으로 거듭나야 할 것을 가르쳐 주신 것이다.

특별히 요한복음 6장 51절 이하에서 예수님은 자신을 '하늘에서 내려온 산 떡'이라고 하시며, "사람이 이 떡을 먹으면 영생하리라. 내 살을 먹고 내 피를 마시는 자는 내 안에 거하고 나도 그의 안에 거하나니."라고 말씀하셨다. 또한 말씀을 들은 제자 중 여럿이 그 의미를 이해하지 못해 어리둥절해하자 "살리는 것은 영이니 육은 무익하니라. 내가 너희에게 이른 말은 영이요 생명이라."고 덧붙이셨다. 이로써 예수님은 자기 자신, 곧 그의 말씀과 사상, 그리고 그의 인격과 삶이 우리의 영적 생활과 영적 생명을 위한 참된 양식과 음료가 됨을 알려 주신 것이다.

그와 동시에 예수님은 자신의 말씀이 '영성적(spiritual)' 의미로 행해진 것이기 때문에 그 말씀을 이해할 때도 영적인 의미로 파악하지 않으면 안 된다는 것을 분명하게 언급하신 것이다. 여기서 우리는 한 가지 매우 중요한 사실을 깨닫게 되는데, 그것은 바로 예수님의 말씀, 곧 복음서뿐 아니라 성경의 말씀들에는 깊은 영적 의미가 담겨 있기 때문에 그것을 파악하는 일이 무엇보다도 중요하다는 사실이다. 특별히 로마서 8장에는 그리스도인 영성의 본질적 의미와 영성생활의 중요성에 관한 사도 바울의 의미심장한 진술이 아름답게 표현되어 있다.

> 육신을 따르는 자는 육신의 일을, 영을 따르는 자는 영의 일을 생각하
> 나니 육신의 생각은 사망이요 영의 생각은 생명과 평안이니라 육신의
> 생각은 하나님과 원수가 되나니 이는 하나님의 법에 굴복하지 아니할
> 뿐 아니라 할 수도 없음이라 육신에 있는 자들은 하나님을 기쁘시게
> 할 수 없느니라 만일 너희 속에 하나님의 영이 거하시면 너희가 육신
> 에 있지 아니하고 영에 있나니 누구든지 그리스도의 영이 없으면 그리
> 스도의 사람이 아니라 (롬 8:5-9)

사도 바울은 예수님의 복음의 핵심을 가장 잘, 그리고 가장 깊
이 파악하고 이해한 사람이었다. 여기서 바울은 우리가 이 세상에
서 하나님의 참 자녀가 되고 참 그리스도인으로 산다는 것은 하나
님의 영과 예수의 영을 소유하고, 그 영의 지배 아래 사는 것임을
분명하게 말해 주었다. 하나님의 영과 그리스도의 영은 어떠한 영
인가? 진리의 영이고 사랑의 영이며, 온유하고 겸허하며 인자하고
오래 참으시는 영이고, 또한 참 지혜와 선함과 아름다움의 영이다.

진리와 사랑의 영은 우리를 억압하고 구속하는 영이 아니라 해
방시키고 용기 있게 하며, 아름답고 선하고 온유하고 겸손하게 하
고, 모든 것을 잘 인내하게 하는 영이다. 그리고 모든 신령한 지혜
로 채워 이 세상과 우주 만물의 신비와 모든 깊은 신령한 것까지라
도 바로 파악하고 이해하며, 또한 그들을 참으로 사랑하고 존중하
며 돌보며 살 수 있는 능력까지 주시는 것이다. 이것이 바로 그리스
도인의 영적인 삶이요, 기독교 영성의 본질이다. 따라서 '영성'은

결코 기독교의 어느 한 교파나 교단의 전통에 속한 것이 아니라 전 그리스도인과 하나님의 모든 교회에 해당되는 것임을 알아야 한다.

기독교 영성에 대한 편협한 이해나 오해와 관련하여 한 가지를 더 말하자면, 기독교 영성을 은사 중심의 성령 운동과 동일시하거나 거기에 국한시키는 경향이다. 기독교 영성은 분명히 성령의 은사와 역사를 필수 요소로 중요시한다. 왜냐하면 4복음서에 따르면 예수님 자신이 요단 강에서 세례를 받으실 때 비둘기 모양으로 임한 성령을 받았으며(마 3:16), 또한 하나님으로부터 성령을 한없이 부음 받은 분이고(요 3:34), 성령세례를 베푸실 분이며(마 3:11, 요 1:33), 그리고 우리 모두가 성령을 받아야 한다고 가르치시며 위로자이신 보혜사 성령을 보내 주실 것을 약속하셨기 때문이다.(요 14:16-17)

그리고 특히 사도행전 2장에는 오순절 성령 강림에 대한 감동적인 기록들이 있는데, 이것은 교회 탄생의 직접적인 계기가 되었다. 그래서 많은 그리스도인들이나 목회자, 특히 일부 부흥사들 중에는 기독교의 영성을 오순절 성령 강림 때 일어난 것과 같은 입신과 방언 등의 은사 체험을 동반한 성령(은사) 운동과 동일시하는 사람들도 있다.

물론 기독교 영성은 은사 중심의 성령 운동을 배제하거나 경시하지 않고, 오히려 중시하고 포용한다. 그러나 중요한 것은 그러한 은사 중심의 성령 운동은 기독교 영성의 한 부분 내지는 한 지류(작은 흐름)이지 전부가 아니라는 점이다. 기독교 영성은 그보다 포괄적이고 광범위하며, 심원하고 다층적이며, 또한 보다 다차원적

(multi-dimensional)인 요소가 있음을 알아야 한다. 그렇게 심오하고 광범하며 포괄적인 요소가 바로 예수 그리스도의 영성이요, 그의 영성적 교훈인 복음의 내용이며, 또한 그의 영성적 삶의 내용인 것이다.

따라서 성령의 역사/활동이나 기독교의 영성을 그렇게 쉽고 좁으며 안이하게 생각해서는 안 된다. 한국교회 영성의 맹점은 바로 기독교의 영성을 너무나도 일방적으로 편협하게 생각하는 점이라고 말하고 싶다. 기독교 영성에 대한 그러한 속단과 편협한 이해는 자칫 장님이 코끼리를 더듬어 설명하는 격이 될 수 있는 것이다. 하나님의 신비한 역사(mystical works of God)로서의 성령의 활동 범위와 사역 양식은 우리의 상상과 언어와 사유의 범위를 훨씬 초월하는 것이다.

현재 미국에서 기독교 영성에 관한 저술 활동을 활발히 하고 있는 리처드 포스터(Richard Foster)는 「생수의 강」이라는 최근 저서에서 기독교 영성의 큰 강줄기에는 다음과 같은 최소 6가지 중요한 지류(작은 물줄기)가 있음을 말하였다. (1) 광야의 수도사들(Desert Fathers)을 비롯한 깊은 사색을 동반한 묵상의 전통, (2) 성화된 삶, 즉 고결한 도덕적 삶을 강조한 경건주의적 성결의 전통, (3) 성령 충만의 능력 받는 생활을 강조하는 은사주의적(charismatic) 전통, (4) 예언자적 정신에 기초한 정의사회 실현을 강조하는 사회정의 전통, (5) 종교개혁자들의 정신을 따라 말씀 중심의 생활을 강조하는 복음 선포의 전통, (6) 평범한 일상생활에서 하나님의 말씀과 뜻을 구현해 가는 영성으로, 이것을 그는 성육신 및 성례전적 영성 전통이라고 명명하였다.

이러한 여러 전통들은 결국 예수님의 말씀과 삶에 담긴 예수의 영성을 구체적으로 실천해 보려는 영성 운동의 다양한 표현들인 것이다. 그런데 사실은 이들 여러 영성의 전통과 표현들은 서로 배타적인 것이 아니라, 포용적이고 상보적이며, 서로 긴밀하게 연결되어 있다. 이들이 서로 합해지고 조화를 이루어 기독교 영성이라는 큰 물줄기를 형성하는 것이다. 그리고 이 전통들은 모두 예수의 영성에서 비롯된 다양한 표현 형식들이다. 오늘날 기독교, 특히 개신교의 가장 큰 문제점과 폐단은 예수 영성의 깊이와 다양성을 제대로 이해하지 못하여 기독교의 영성을 너무나도 편협하게, 그리고 한 부분으로만 치우치거나 일방적으로 몰고 가는 점이다.

요컨대 기독교 영성은 예수의 영성에서 시작하여 다시 예수의 영성으로 돌아가는 운동으로서, 예수 그리스도와 그의 영성이 표준과 척도(measure)요, 시작(출발)과 중심과 목표인 것이다. 그러므로 기독교(교회)의 예배, 설교, 기도 등을 포함한 모든 집회나 영성 운동은 궁극적으로 예수 그리스도의 말씀(사상)과 삶과 마음, 곧 그의 영성에 의해 조명되고 검증되어야 한다. 따라서 교회에 관련된 어떠한 집회나 프로그램도, 선교 단체와 선교 활동도(그것이 개인이든 단체든 간에), 심지어 그것이 어떤 형태의 영성 운동이라 할지라도 거기에 예수의 영성이 결핍되어 있거나 그것과 배치될 때에는 그것은 진정으로 기독교적이라고 말할 수 없다. 그래서 사도 바울은 "누구든지 그리스도의 영(영성)이 없으면 그리스도의 사람이 아니라(롬 8:9)."고 강조한 것이다.

오늘날 교회의 침체와 타락과 부패는 어디에서 오는 것일까? 바로 영성의 뿌리요 핵심이며 생명인 예수의 영성의 결핍과 변질과 오용과 이탈에서 비롯된 것임을 알아야 한다. 그러므로 모든 교회와 그리스도인은 참된 영성, 곧 기독교 영성의 근거(뿌리)요 핵이며 생명인 예수의 영성으로의 회귀와 회복을 위해 진력하지 않으면 안 된다.

겸허와 모범의 영성
Spirituality Humility and Example

예수님은 하나님의 아들이요 그분의 특별한 보내심을 받은 분임에도 불구하고, 하나님과 모든 사람 앞에서 가장 온유하고 겸손한 자의 모습으로, 이 세상에서 가장 낮은 자로, 모든 사람을 섬기는 종의 모습으로 사셨다. 그래서 "인자가 온 것은 섬김을 받으려 함이 아니라 오히려 섬기려 하고(마 20:28, 막 10:45)."라고 말씀하셨고, 또한 "나는 마음이 온유하고 겸손하니 내게 와서 배우라(마 11:29)."고 하셨다.

1장

겸허와 모범의 영성

Spirituality Humility and Example

기독교 영성은 우리 신앙의 근거인 예수 그리스도의 영성에 기초한다. 다시 말하면 기독교 영성이란 예수 그리스도의 영성에서 파생한 것으로서, 바로 예수님의 영성을 지칭하는 것이다. 이 말은 예수의 영성, 곧 그분의 영성적 교훈과 삶이 바로 모든 그리스도인이 본받고 따라야 할 영성적 삶의 표준이요 모범이라는 것이다. 그러면 예수 그리스도의 영성의 근본 내용은 무엇이며, 또한 그 특징은 무엇인가?

예수님의 영성을 이해하려 할 때, 우리는 먼저 예수님이 우리와 똑같은 인간의 조건 속에서 사셨다는 점을 이해해야 한다. 즉 그분은 이 세상에 사는 동안 모든 신적인 권위나 특권을 포기하고, 우리와 같은 인간의 조건 속에서 한 연약한 인간의 모습으로 지내셨다. 세례를 받고, 광야에서 시험도 받으셨으며, 끊임없이 하나님께 기도하셨다. 제자들의 몰이해와 배반, 반대자들의 모함도 겪으셨고, 최후에는 참혹한 십자가 죽음까지 당하셨다. 하지만 예수님은 험난하고 모순 많은 이 세상에서 어떠한 여건에서도 하나님을 향한 절대적인 신뢰와 경외심으로 모든 것을 인내하며, 어린아이와 같은 단순하고 순수한 마음으로 하나님의 아들 됨의 삶을 사셨다. 그러면서도 이 세상의 모든 악한 세력과 마주쳤을 때, 굴복하거나 타협하거나 도피하거나 좌절하지 않고 선으로 악을 이기셨다.

예수 영성과 겸허(Humility)

그러면 예수 영성의 가장 근본적이요 대표적인 특징은 무엇인가? 그것은 바로 그의 한없는 '겸허(humility)'다. 겸허(겸손)란 모든 종류의 교만하고 오만한 마음을 버리고, 하나님과 사람들 앞에서 자신을 끝없이 낮추는 태도를 말한다. 또한 겸손은 자기 밖의 모든 사람과 대상을 지극히 존중(respect)하는 태도를 의미한다. 예수님은 하나님과 모든 사람 앞에서만 아니라, 모든 피조물(자연) 앞에서까지 자기를 낮추고 그들을 존중하셨다. 그러한 마음의 태도가 바로 예수님의 마음이요, 그의 겸허였다.

예수님은 하나님의 아들이요 그분의 특별한 보내심을 받은 분임에도 불구하고, 그리고 그 내면 깊은 곳에 하나님과 동등 됨을 취할 만한 지고의 영성(신성)이 있음에도 불구하고, 하나님과 모든 사람 앞에서 가장 온유하고 겸손한 자의 모습으로, 이 세상에서 가장 낮은 자로, 모든 사람을 섬기는 종의 모습으로 사셨다. 그래서 "인자가 온 것은 섬김을 받으려 함이 아니라 오히려 섬기려 하고(마 20:28, 막 10:45)."라고 말씀하셨고, 또한 "나는 마음이 온유하고 겸손하니 내게 와서 배우라(마 11:29)."고 하셨다.

예수님은 자기 마음의 바탕을 온유와 겸손으로 표현하셨다. 이로써 우리는 예수님의 영성의 가장 대표적인 특징, 그리고 기독교 영성의 가장 중심적인 요소가 바로 겸손임을 알 수 있다. 그런 점에서 기독교 영성을 가장 알기 쉽고 올바르게 정의내리면, 바로 예수님의 이 한없는 겸손을 배우고, 본받고, 소유하며 사는 것이라고 말할 수 있을 것이다. 즉 기독교 영성이란 많은 성경 지식이나 신학적/교리적 지식을 터득하는 것이 아니라, 예수님의 온유하고 겸손한 마음을 갖는 것을 의미하며, 더 정확하게 말하자면 '겸손한 사람'이 되는 것을 의미하는 것이다.

　　이는 복음서 기자들이 상징적으로 표현한 예수님 상(image)을 통해서도 확실히 알 수 있다. 그들은 예수님을 '세상 죄를 지고 가는 어린 양', 힘없고 나약한 어린 양으로 표현했으며, 또한 그가 인기 절정에서 수많은 지지자들의 열광적인 환대를 받으며 예루살렘에 입성할 때 작은 나귀를 타고 가는 모습으로 표현했는데, 이것은 암묵적으로 그의 지극히 겸허한 모습을 드러낸 것이다.

　　그러면 예수의 겸손의 참 모습과 그 극치는 어디에서 발견할 수 있는가? 바로 그가 지신 십자가에서다. 예수님은 자신의 생명이 떨어지는 그 지점까지, 그 극점까지 낮아지시고 자신을 낮추신 것이다. 바로 여기에 예수 영성의 찬란한 광채와 지고함이 있다. 사도 바울은 예수의 영성의 핵심인 그의 겸허에 관해 다음과 같이 언급하였다. "너희 안에 이 마음을 품으라. 곧 그리스도 예수의 마음이니 그는 근본 하나님의 본체시나 하나님과 동등 됨을 취할 것으로 여기지 아니하시고 오히려 자기를 비워 종의 형체를 가지사 사람들과 같이 되셨고 …… 자기를 낮추시고 죽기까지 복종하셨으니 곧

십자가에 죽으심이라." (빌 2:5-8)

그리고 예수님도 "누구든지 나를 따라오려거든 자기를 부인하고 자기 십자가를 지고 나를 따라오라."고 하셨다. 십자가는 예수의 겸허의 극치를 나타내는 것이다. 그러므로 예수의 영성의 핵심은 그의 겸허이고, 그의 겸허는 그의 십자가이며, 그의 십자가는 곧 나(자기)를 죽이는 일, 즉 나의 교만(자기자랑), 혈기, 욕심, 허세 등을 죽이는 일, 다시 말해 철저한 자기부인과 자기포기인 '아파테이아(apatheia)'를 의미하는 것이다. 고대 교부시대부터 현대까지 신실한 그리스도인, 수도자, 영성가들은 바로 예수의 겸허를 실천하기 위해 진력한 사람들이었으며, 기독교 2천 년의 영성사는 예수의 겸허를 본받고 실천하려는 운동의 역사였다고 말할 수 있다.

요컨대 기독교 영성의 핵심과 정점은 바로 자신을 한없이 낮추는 예수의 온유와 겸허 속에 있는 것이다. 따라서 기독교 영성의 가장 근원적이고 원초적인 형태는 예수님처럼 겸허한 사람이 되는 일이며, 그의 겸손을 실천하는 일을 의미한다. 그러므로 기독교 영성의 본질을 가장 간단하게 한마디로 말하자면 예수의 온유와 겸손을 배우고 깨우치며, 그 마음을 소유하는 일인 것이다.

「그리스도를 본받아」의 저자 토마스 아 켐피스는 "우리가 삼위일체의 신비한 진리를 다 알고 성경 전체를 외운다 해도 예수 그리스도의 겸손한 마음을 소유하지 못한다면 무슨 유익이 있겠는가."라는 말로 신앙(영성)생활에서의 겸손의 중요성을 환기시켜 주었다. 그런 점에서 기독교 영성의 중심은 곧 예수의 겸손을 본받아 겸손한 사람이 되는 일이며, 예수의 겸손을 매일 실천하는 일인 것이다. 예수의 겸손을 실천하는 첩경은 무엇인가? 그것은 하나님의 형상대로 지음 받은 모든 사람을 비롯하여 모든 피조물까지 차별 없이 공손히 대하며, 그들을 진심으로 존중하는 것이다.

모범(Example)의 영성

예수의 영성에 접근하려 할 때, 우리는 먼저 예수님 자신이 한 역사적 인물로서 지금으로부터 약 2천 년 전의 한 역사적 시대에, 조국도 빼앗긴 채 로마제국의 강압적인 식민 통치 아래에서 신음하던 절망적인 사회 조건 속에 사셨다는 점을 이해해야 한다. 그러나 그 무엇보다도 예수님의 마음에 가장 큰 아픔을 준 요소는 아마도 그 당시 종교의 타락과 부패와 무기력, 그리고 이에 대한 사람들의 무관심이었을 것이다. 예수님은 바로 이러한 비극적인 시대 환경에서 조용하면서도 소박한 하나의 작은 영성 운동을 전개하신 것이다.

그가 전개한 영성 운동은 바로 갈릴리 지역을 중심으로 십여 명의 제자들과 함께 작은 영성 공동체를 이루어, 그들에게 천국복음(하늘나라 또는 하나님 나라에 관한 기쁜 소식)을 가르치며 사신 것이다. 이 때 예수님을 처음 따라나선 열두 제자들은 최초의 기독교 영성 공동체요 또한 최초의 교회, 즉 오늘의 교회의 원형이라고 볼 수 있다. 이런 점에서 예수님의 복음 선교는 진정한 의미의 영성 운동이며, 따라서 교회는 근본적으로 영성 공동체 운동인 것이다. 그러므로 그리스도의 몸으로서의 우리 교회는 바로 예수의 영성 운동을 계승한 오늘의 세계 속에서의 영성 공동체 운동이라고 말할 수 있을 것이다.

그러면 예수님의 영성 공동체 운동은 어떤 것이었는가? 예수님은 제자들과 공동생활을 하시면서, 그들에게 진정한 하나님 나라 백성이 되는 길과 하나님 나라 백성의 삶이 어떤 것인지를 가르쳐 주셨다. 그런 점에서 이 세상에서 하나님 나라 백성이 되는 방법과 하나님 나라 백성의 삶의 길이 바로 예수의 영성의 전 내용이라고 말할 수 있다. 그런데 문제는 예수님은 어떻게 자신의 영성 운동을 전개하고 진행하셨으며, 또한 그의 영성 운동의 방법들은 무엇이었는가 하는 점이다. 예수님의 영성 운동의 방법은 두 가지로 요약할 수 있다.

첫째는 우리가 어떻게 이 세상, 곧 나 개인과 가정과 사회, 나아가 전 인류사회에 천국(하나님 나라)을 실현할 것인지 그 내용과 방법을 가르쳐 주신 것이고, 둘째는 그것을 다만 말과 사상(이론)으로만이 아니라 자신의 존재, 즉 자신의 인격적 모습과 삶의 모범을 통해 직접 보여 주셨다는 것이다. 이것이 바로 예수의 영성과 영성 훈련 및 영성 교육의 특징이라고 말할 수 있다. 한마디로 예수의 영성은 바로 '모범을 보여 주는 영성(spirituality through example)'이라는 것이다.

예수님이 우리에게 보여 주신 모범은 무엇인가? 그 예를 열거하면 다음과 같다:

1) 참 온유 겸손자의 모범(truly humble person)
2) 참 영적인 사람의 모범(truly spiritual person)
3) 참 완전자의 모범(truly perfect person)
4) 참 화평케 하는 자의 모범(true peace-maker)

5) 참 지혜자의 모범(true divine-wisdom person)

6) 참 의인의 모범(truly righteous person)

7) 참 섬기는 자의 모범(truly serving-minded person)

8) 참 하나님 경외자의 모범(truly God fearing person)

9) 참 행동하는 영성인의 모범(truly courageous person)

10) 참 하나님 형상 소유자(회복자)의 모범(truly God's image person)

11) 참 천국 소유자의 모범(truly eternal life possessed person)

12) 참 자유자의 모범(truly liberated person)

13) 참 관용자의 모범(truly open-minded person)

14) 참 기도자의 모범(truly prayerful person)

15) 참 성령 충만자의 모범(truly Spirit-filled person)

위에 열거한 예수님의 모습은 그리스도인이 진정한 신앙인, 진정한 구원받은 백성, 진정한 하나님의 자녀가 되기 위하여 본받고 따라야 할 모범들이다. 예수님은 자신의 교훈들뿐만 아니라 자신의 삶을 통해서도 구체적으로 모범을 보여 주셨다. 갈릴리 호숫가에서 제자들을 택하실 때 "와서 보라." 또는 "나를 따르라."고 말씀하신 것은 바로 예수님의 영성적 교훈과 삶을 직접 듣고 보고 배워 그대로 실행에 옮기라는 말씀과 같은 것이다. 그리스도인들이 성경 다음으로 많이 읽는 「그리스도를 본받아」라는 책을 쓴 토마스 아 켐피스는 그 책에서 예수 그리스도의 말씀과 삶, 곧 그의 영성이 바로 모든 그리스도인이 따르고 실천해야 할 '영성의 모범(pattern)'이라는 점을 잘 말해 주었다.

오늘의 한국교회 영성의 큰 약점은 바로 이 예수 영성의 특징인 모범을 보여 주는 영성의 상실, 또는 부재라고 말할 수 있다. 아무리 목회자가 강단에서 강렬하고 인상적인 설교를 한다 하여도 그가 사람들에게 예수의 영성의 모범을 보여 주지 못한다면 그의 설교는 힘을 발휘할 수 없으며 허공을 치는 일밖에 될 수 없는 것이다. 그러므로 오늘날 교회의 갱신과 영성 회복의 첩경과 선결 과제는 바로 평신도들을 포함한 모든 교회 지도자가 예수의 영성의 특징이며 영성 교육의 방법인 '모범을 보이는 영성'을 회복하는 것에서 찾아야 할 것이다. 언행이 일치하지 않는 사람, 모범을 보여 주지 못하는 지도자를 참 지도자라고 할 수 있는가?

오늘날 교회와 사회는 진정으로 예수의 영성을 지닌 사람, 즉 예수의 인격을 닮은 사람, 세속에 물들지 않은 소박하고 겸허한 영적 지도자를 애타게 찾고 있다. 또한 사람들은 바로 이러한 그리스도인을 보고 싶어 하고, 만나고 싶어 한다. 그리고 오늘의 지구촌 전 인류는 그토록 심오하고 관대하며 숭고한 예수의 사상과 영성을 지닌 바로 이러한 그리스도인, 이러한 교회 지도자, 신학자, 선교사, 사회사업가, 기독교 실업인, 정치가와 사상가를 보고 싶어 한다. 이 모든 요구에 대한 해답을 어디에서 찾을 것인가? 바로 모든 그리스도인과 모든 교회 지도자가 각자 진정한 영성인이 되고, 또한 실제로 영성적 삶을 사는 '모범을 보이는 영성'인 예수의 영성을 따름에서 찾아야 할 것이다.

하나님 중심 영성
God-Centered Spirituality

예수님의 전 생애는 오로지 하나님께 집중되어 있었다. 그의 삶의 전 과정, 호흡하고 살아가는 모든 순간, 그리고 그의 모든 관심과 생각과 말과 행동의 초점은 하나님께 집중되어 있었다. 그의 생애의 가장 많은 부분을 차지하는 기도의 시간들은 순전히 하나님과의 깊은 교통과 교제의 시간이었다. 영적으로 갈급한 모든 영혼을 시원케 하는 영성의 샘물과 그 힘, 그 생명력과 흡인력과 감화력은 바로 하나님과의 한없이 깊은 교제가 한순간도 끊이지 않았던 그의 삶에서 비롯하는 것이다.

2장

하나님 중심 영성
God-Centered Spirituality

예수의 영성의 두 번째 원리는 철저한 '하나님 중심의 영성 (God-centered spirituality)'이다. 예수님의 전 생애는 오로지 하나님께 집중되어 있었다. 그의 삶의 전 과정, 호흡하고 살아가는 모든 순간, 그리고 그의 모든 관심과 생각과 말과 행동의 초점은 전적으로 만유의 창조자요 섭리자이며 주재자이신 하나님께 집중되어 있었다. 그의 생애의 가장 많은 부분을 차지하는 기도의 시간들은 순전히 하나님과의 깊은 교통과 교제의 시간이었다. 영적으로 갈급한 모든 영혼을 시원케 하는 영성의 샘물과 그 힘, 그 생명력과 흡인력과 감화력은 바로 하나님과의 한없이 깊은 교제가 한순간도 끊이지 않았던 그의 삶에서, 곧 그의 하나님 중심의 영성에서 비롯하는 것이다.

하나님 체험과 깨달음

기독교는 그리스도 예수의 지속적이고 심오한 하나님과의 교제, 그의 깊고 깊은 하나님 체험과 인식에 바탕을 두고 있다. 이것이 바로 기독교 신앙의 핵이요 생명인 것이다. 이것을 떠나서는 기독교 신앙은 존속할 수도, 생명을 유지할 수도 없다. 그가 얼마나 깊고 신비롭게 하나님을 체험하고 이해하였는지, 그가 하나님과 얼마나 가깝게, 그리고 얼마나 인격적으로 교제하였는지가 바로 우리 보통 사람들과 구별되는 점이며, 또한 그것이 바로 그의 완전성(신성)을 이루는 점이다.

따라서 기독교 영성은 예수의 이 깊은 하나님 체험과 하나님과의 교제를 축으로 하여 원을 그리는 일이라고 말할 수 있다. 즉 기독교 신앙과 영성은 예수님의 깊은 하나님 체험과 인식에 근거하여 각자가 하나님과 깊은 교제와 교통을 이루고 관계를 맺는 일이라는 것이다. 이를 바꾸어 말하면 예수의 깊은 하나님 체험과 인격적인 관계가 우리의 모든 하나님 체험과 교제의 표준이요, 근거가 되어야 한다는 말이다.

요컨대 기독교 영성은 바로 예수의 깊은 하나님 체험과 긴밀한 관계를 본받아 실행하는 일이라고 말할 수 있다. 따라서 하나님과의 깊은 교제와 교통(관계 형성)이 없는 기독교 신앙과 영성은 존재할 수 없다. 전도서 기자는 인간의 하나님 체험의 근거와 필요성을 다음과 같이 말했다.

하나님이 모든 것을 지으시되 때를 따라 아름답게 하셨고 또 사람들에게는 영원을 사모하는 마음을 주셨느니라 그러나 하나님이 하시는 일의 시종을 사람으로 측량할 수 없게 하셨도다 (전 3:11)

전도서 기자는 하나님께서 인간에게 영원을 사모하는 마음, 즉 영원자 하나님을 찾고 만나고 그분과 깊이 교제하고 싶은 마음을 심어 주셨다고 말하였다. 어거스틴은 그의 고백록에서 하나님께서 인간을 창조하실 때 하나님을 향해(찾도록) 지으셨기 때문에, 자신이 하나님께로 돌아와 그분 안에서 안식을 얻기 전까지 자신의 영혼은 언제나 참 평안이 없었다고 고백하였으며, 또한 자기 기도의 유일한 제목은 매일매일 하나님을 좀 더 깊이 새롭게 알게 되는 것이라고 하였다(Deus. noverim te, noverim me!). 하나님과의 깊은 교제를 이룰 때 비로소 우리 영혼은 참 평화와 기쁨과 희망으로 채워지고, 이 세상의 모든 유혹을 이길 수 있는 영적인 힘과 능력을 얻게 되며, 또한 영적인 지혜로 채워지게 되는 것이다.

예수님의 깊은 하나님 체험과 인식은 그가 하나님을 부른 호칭에서도 찾아볼 수 있다. 예수님은 하나님을 '아빠', 곧 '아버지'라고 불렀고, 자신을 '아들'이라고 하였다. 예수님이 만유의 창조주시며 지존자이신 야훼 하나님을 '아바 아버지'라고 부른 것은 그의 깊은 영적 체험, 곧 그의 깊은 하나님 체험에 근거한다. 복음서 기자들은 예수의 깊은 하나님 체험의 일면을 그가 세례 받을 때의 영적 체험의 순간에서 보여 주었다. 마태는 그 때의 체험 내용을 다음과 같이 표현하였다.

> "예수께서 세례를 받으시고 곧 물에서 올라오실새 하늘이 열리고 하나님의 성령이 비둘기같이 내려 자기 위에 임하심을 보시더니 하늘로부터 소리가 있어 말씀하시되 이는 내 사랑하는 아들이요 내 기뻐하는 자라 하시니라(마 3:16-17; 막 1:9-11, 눅 3:21-22)."

이 때 예수님은 하늘이 열리고 하늘에서 들려오는 하나님의 음성을 직접 듣는 신비한 체험을 하신 것이다. 이것은 예수님의 깊은 영적 체험, 즉 그의 깊은 하나님 체험의 한 단면을 보여 준다. 이 체험을 통해 예수님은 하나님과 자신의 관계가 양자 사이의 가장 가까운 관계, 즉 본질적 관계를 의미하는 '아버지'와 '아들'의 인격적인 사랑의 관계라는 점을 확인하신 것이다. 마가와 누가는 이 때 예수님이 들은 하나님의 음성을 "너는 내 사랑하는 아들이라. 내가 너를 기뻐하노라."고 표현함으로써, 이 체험이 예수님의 직접적인 내면적인 체험이라는 점을 암시해 주었다.

이 때 예수님이 체험한 하나님은 어떠한 하나님이었는가? 그분은 말로 표현할 수 없는 지극한 사랑의 하나님으로서, 예수님 자신뿐 아니라 이 세상의 모든 사람과 심지어 모든 피조물까지도 지극히 사랑하시며, 돌보시며, 보호하시며, 생장케 하시는 하나님이다. 예수의 이 사랑의 하나님 체험과 인식이 바로 기독교라는 종교를 탄생시킨 것이다. 즉 기독교는 이 예수의 말로 표현할 수 없는 깊은 사랑의 하나님 체험에서 시작되었으며, 그 바탕 위에 세워진 종교인 것이다.

따라서 우리는 언제나 어디서나 개인이든 단체든 이 사랑의 하나님 체험을 목표로 해야 하며, 이것을 시행해야 한다. 왜냐하면 예수님의 이 깊은 영적 체험에서 확인된 말로 표현할 수 없는 지극한 사랑의 하나님이 바로 기독교 신앙의 근거며 핵심인 동시에, 기독교 복음의 핵심이요, 또한 기독교 영성의 근거요 핵심이기 때문이다. 예수의 이 영적 체험에서 확인한 하나님과 그의 '아버지'와 '아들'의 관계에 의해, 그것에 조명을 받아, 그 은총을 힘입어 우리와 하나님의 관계도 아버지와 아들의 관계로 성립될 수 있으며, 또한 우리도 하나님을 '아바 아버지'라고 부를 수 있게 되는 것이다.

그런 점에서 기독교 신앙과 영성은 바로 예수의 이 깊은 사랑의 하나님 체험과 인식의 터전 위에 세워진 집이라고 말할 수 있다. 따라서 기독교의 모든 신앙 행위, 즉 예배를 포함한 모든 종교 행위와 영적 체험 행위와 활동들은 예수의 이 사랑의 하나님 체험을 따라야 하며, 또한 그것을 목표로 해야 하는 것이다. 어떤 의미에서 기독교 영성은 이 사랑의 하나님 체험 외에 다른 것은 없다고도 말할 수 있다.

왜냐하면 예수님을 따라 깊은 영적 체험에 도달한 오리겐, 닛사의 그레고리, 디오니시우스 아레오파지트, 성 버나드, 성 프랜시스, 마이스터 에크하르트, 노르위치의 줄리안, 아빌라의 테레사와 같은 영성가들이 말한 것처럼 하나님은 사랑 자체이시며, 사랑밖에는 모르시는 분이기 때문이다. 요컨대 기독교 영성은 모든 그리스도인이 예수님이 친히 체험하신 것처럼 "너는 내 사랑하는 아들(딸)이요, 내가 너를 기뻐하노라."는 하나님의 음성을 직접 듣고 깨닫고 느끼는 영적 체험을 목표로 해야 한다는 말이다.

고대 교부 시대부터 현대에 이르기까지 모든 기독교 영성가와 신비가, 영적 지도자는 바로 이 예수님의 사랑의 하나님 체험을 공유하는 일에 참여한 사람들이었다. 따라서 오늘 우리의 모든 신앙 행위나 영성 행위는 교회 안에서든 밖에서든, 개인적이든 집단적이든, 모두가 예수님이 체험하신 것과 같은 깊은 사랑의 하나님 체험과 인식, 그리고 이 사랑의 하나님과의 끊임없는 깊은 교제와 관계를 지향해야 하는 것이다.

하나님 경외와 순종

예수의 하나님 중심 영성의 두 번째 특징은 그가 하나님께 대하여 절대적인 순종의 삶을 사셨다는 점이다. 복음서를 통해 알 수 있는 것처럼 예수님은 모든 일을 할 때 자의적으로 하지 아니하고, 하나님의 뜻을 먼저 생각하고 그 뜻에 따르는 삶을 사셨다. 이 세상 그 누구도 따라올 수 없는 깊은 경외심으로 하나님을 경외하였고, 지극한 공경심으로 공경하였다. 이 점에서는 믿음의 조상 아브라함도, 이스라엘 민족의 지도자 모세나 다윗도, 또한 다른 어떠한 선지자나 영적 지도자도 비교가 될 수 없다.

예수의 삶의 모든 순간은 하나님께 집중되어 있었고, 하나님을 향해 있었으며, 하나님과의 교제의 순간이었고, 하나님의 뜻을 이루어 가는 과정이었다. 예수님은 단 한 순간도 자신의 영광을 취하지 아니하고, 모든 영광을 하나님께 돌리셨다. 이 세상의 그 무엇도 자기 자신의 것으로, 즉 자기 소유로 취하거나 축적하지 않으셨다. 그리고 자신의 육신, 곧 생명까지도 하나님의 영광을 드러내고, 그분의 뜻을 성취하는 도구로 바치셨다. 그래서 십자가를 앞에 놓고도 자신의 뜻이 아니라 아버지의 뜻대로 이루어 달라고 기도하셨다. 예수의 하나님 뜻에 대한 절대적인 순종의 태도와 행동과 삶이 그의 영성의 한없는 깊이와 이 세상 누구도 따라올 수 없는 높은 차원을 드러내는 것이다.

하나님께 대한 이러한 절대적인 경외와 순종과 겸허의 태도가 예수 그리스도의 영성적 삶의 참 모습이었으며, 그것이 바로 기독교와 교회가 탄생하고 세워진 터전이었다. 그러기에 예수의 영성, 곧 그의 철두철미한 하나님 중심의 영성적 삶이 바로 오늘의 교회와 그리스도인들이 배우고 본받아야 할 최고의 모범이며, 궁극적인 표준이 되는 것이다. 기독교의 역사에서 볼 수 있는 교회의 타락 원인은 무엇이며, 왜 일어났는가? 바로 예수 그리스도가 보여 준 철저한 하나님 중심 영성의 결핍과 이탈에서 온 것이다. 이렇게 볼 때 오늘날 교회의 타락을 막고, 침체에서 벗어날 수 있는 길은 바로 교회와 교회의 지도자들, 그리고 모든 그리스도인이 자기(인간) 중심적 또는 자기 교회 중심적 영성에서 예수 영성의 핵심인 모든 영광을 하나님께 돌리는 '하나님 중심의 영성'으로 돌아가는 일, 즉 바른 영성의 회복을 통해서만 가능하다는 사실을 알아야 한다.

신앙과 불신앙

신앙과 불신앙, 참 신앙과 거짓 신앙, 참된 영성과 그릇된 영성은 어떻게 다르며, 어떻게 구별되는가? 바로 하나님을 진심으로 두려워하는 마음(경외심)과 태도의 유무로 구별된다. 하나님을 두려워하는 마음과 태도가 바로 진정한 신앙이며, 하나님을 두려워하지 않는 마음과 태도가 불신앙이다. 종교개혁자 마틴 루터는 참 신앙은 곧 하나님을 하나님으로 경외하는 일이라고 정의했다. 그래서 자신의 종교개혁의 슬로건을 "하나님을 하나님 되게 하라(Let God Be God)."로 정하고 이것을 강조하였다. 하나님을 하나님으로 경외하지 않는 행위가 바로 불신앙이기 때문이다. 인간의 불신앙적 태도에 대해 사도 바울은 이렇게 말했다.

> 하나님을 알되 하나님을 영화롭게도 아니하며 감사하지도 아니하고 오히려 그 생각이 허망하여지며 미련한 마음이 어두워졌나니 스스로 지혜 있다 하나 어리석게 되어 썩어지지 아니하는 하나님의 영광을 썩어질 사람과 새와 짐승과 기어다니는 동물 모양의 우상으로 바꾸었느니라 (롬 1:21-23)

신앙이란 하나님을 하나님 되게 하는 일을 의미한다. 이는 곧 하나님을 하나님으로 인정하고, 하나님을 두려워할 줄 알며, 하나님이 받으실 영광을 자신이 차지하지 않고 하나님께 돌리는 행위를 말한다. 하나님이 받으셔야 할 영광을 자신이 취하거나 빼앗는 행위가 바로 하나님께 가장 불경스러운 불신앙적 행위인 것이다.

우리는 이런 잘못을 얼마나 많이 저지르고 있는 것일까? 하나님은 전지전능하시기 때문에 우리의 행위 일체를 아신다. 단 하나도 그분 앞에서 감출 수도, 속일 수도 없다. 왜냐하면 하나님은 영(영적 실재)이시기 때문이다. 하나님은 영이시기에 우리의 마음 깊은 곳까지도 훤히 보고 계신다. 하나님은 영이시기에 아니 계신 곳도 없고, 아니 계시는 때도 없다. 하나님은 영이시기에 아니 계시는 것 같지만 어디에나 계시며, 아니 보시는 것 같지만 하나도 남김없이 보고 계신다.

사람이 이처럼 하나님이 눈에 보이지는 않지만 영적 실재로 분명히 존재하신다는 사실을 제대로 알지 못하기에 거짓을 행하고,

하나님의 영광을 가로채고, 자신을 높이려 하고, 헛된 영광을 구하며, 자기자랑으로 우쭐대고 기고만장하기도 한다. 이 얼마나 불경스럽고 어리석은 행위인가? 하나님이 우리의 행위 일체를 아신다는 사실은 우리의 양심이 증거해 준다. 양심은 우리가 저지른 먼 과거의 행위까지도 생생하게 기억해 준다.

우리의 행위에 대해 양심도 속일 수 없는데 어떻게 영적 실재이신 하나님을 속일 수 있겠는가? 예수님은 "하나님은 영이시니 예배하는 자가 신령과 진정(진리)으로 예배할지니라(요 4:24)."고 말씀하셨다. 하나님은 영, 곧 영적 실재이시기 때문에 우리의 예배도 형식적인 의식이 되어서는 아무런 의미가 없으며, 따라서 어떠한 위선과 거짓도 없는 순수한 심정으로 드려야 함을 말씀하신 것이다.

예배란 하나님을 하나님 되게 하는 가장 중요한 행위이며, 하나님이 받으셔야 할 영광을 하나님께 돌리는 가장 중요한 행위에 속한다. 엄밀한 의미에서 예배는 하나님의 은혜와 복을 받기 위한 수단이 아니라, 오히려 하나님이 받으셔야 할 영광을 하나님께 돌리는 행위임을 알아야 한다. 그런데 요즈음 한국교회가 행하는 예배는 하나님의 은혜와 복을 받는 수단으로 인식되거나 지나칠 정도로 거기에 초점이 맞춰지는 경향을 볼 수 있다. 사도 바울은 그리스도인의 참된 예배의 의미에 대해 다음과 같이 말하였다.

너희 몸을 하나님이 기뻐하시는 거룩한 산 제물로 드리라 이는 너희가 드릴 영적 예배니라 너희는 이 세대를 본받지 말고 오직 마음을 새롭게 함으로 변화를 받아 하나님의 선하시고 기뻐하시고 온전하신 뜻이 무엇인지 분별하도록 하라 (롬 12:1-2)

사도 바울은 여기에서 참된 예배는 바로 우리의 몸, 곧 우리의 삶 전체를 하나님이 기뻐하시는 산 제물로 드리는 일이라고 말하였다. 우리의 몸을 산 제물로 드리라는 말은 우리의 언행심사, 모든 생각과 행위, 곧 삶 전체를 하나님이 기뻐하시는 일을 위해 사용하고 바쳐야 함을 의미한다. 그래서 바울은 이 세대/세상을 본받지 말고 변화를 받아 하나님의 선하고 온전하신 뜻이 무엇인지 분별하라고 권고하였다.

이 세대를 본받지 말라는 말은 이 세상 풍조와 유행에 휩쓸려 들어가지 말라는 뜻이다. 세상의 풍조는 하나님께 영광을 돌리는 대신에 자기영광/헛된 영광을 추구하고, 물질을 숭배하며, 불의와 부정을 서슴없이 자행하고, 권세와 명예를 획득하기 위해 수단방법을 가리지 않는다. 사도 바울은 참된 신앙인의 삶과 참된 예배 행위는 바로 이런 세상의 풍조에서 벗어나 마음/영을 새롭게 하고 변화를 받아 하나님의 선하시고 기뻐하시고 온전하신 뜻이 무엇인지를 분별하는 일이라고 말한 것이다.

마음을 새롭게 하고 변화를 받는 일은 육적인 인간에서 영적인 인간으로 변화되고 거듭나는 것을 의미한다. 그리고 하나님의 선하시고 기뻐하시고 온전하신 뜻을 분별하는 일은 바로 우리의 참 모범자이시며 주님이신 예수님처럼, 우리 각자에게 바라고 기대하시는 하나님의 뜻을 깨달아 인생 전체를 자신의 영달/영화나 쾌락을 위해서가 아니라 생명의 주인이신 하나님의 영광을 드러내는 일에 헌신하는 것을 의미하는 것이다.

그런 점에서 그리스도인의 예배는 단순히 교회 안에서의 예배 행위만이 아니라 하나님의 영광을 드러내고 그 뜻을 이루어 드리기 위해 진력하는 모든 행위, 곧 하나님께 헌신된 삶 전체를 지칭하는 것임을 알 수 있다. 이것이 바로 바울이 말하는 우리의 몸을 산 제사로 드리는 일인 것이다. 그렇다면 우리의 몸/삶을 하나님이 기뻐하시는 산 제물로 드릴 때 어떤 결과가 나타날까? 하나님의 온전하신 뜻을 분별하여(바로 깨달아) 삶을 통해 그 뜻을 성취할 때, 우리는 진정한 평화와 기쁨과 행복과 성취감과 생의 깊은 의미를 맛볼 수 있다. 왜냐하면 하나님은 우리의 생명과 만유의 주인이심과 동시에 모든 복의 근원이시기 때문이다.

예수님은 바로 이런 깊은 영성 원리를 아셨으며, 그래서 자신의 삶/생명 전체를 하나님 뜻의 실현을 위해 바치신 것이다. 즉 예수님의 삶, 곧 그의 언행 전체가 바로 하나님 뜻의 성취를 위한 수단이며 도구였다. 요컨대 예수님의 영성은 오직 하나님만을 생각하고 하나님의 영광을 위해서만 행동하며 사는 철저한 하나님 경외의 영성으로서, 전적으로 하나님께 헌신한 '헌신의 영성(spirituality of devotion)'이며, 이것이 바로 예수의 '하나님 중심 영성'의 특징이다.

삼위일체의 영성
Trinitarian Spirituality

예수의 영성의 깊이를 나타내는 삼위일체적 신비주의는 아버지와 아들과
성령이 각각의 개별적 인격성을 견지하면서도 상호 내재의 더없이 깊고도
긴밀한 관계를 이루어 가는 신비주의로서, '인격적 신비주의' 또는 '영성적
신비주의'라고 부를 수 있다. 예수의 삼위일체적 영성은 모든 그리스도인
의 영성의 표본을 나타내며, 궁극적 모범을 의미한다.

3장

삼위일체의 영성

Trinitarian Spirituality

예수의 영성의 세 번째 원리/특징은 삼위일체적 영성이다. 예수의 영성의 가장 심오하고 신비한 면은 바로 이 삼위일체적 특징이라고 말할 수 있다. 본래 삼위일체론은 영성신학적 주제이며, 예수의 영성의 심오함을 드러내는 것인데, 고대 교회는 이것을 지나치게 형이상학적으로 다루어 본래의 영성적 의미를 약화시켜 놓은 감이 없지 않다. 사실 삼위일체론(Doctrine of Trinity)은 기독교의 교리들 중 가장 이해하기 어려운 난제에 속한다. 물론 삼위일체라는 말이 성경에 직접 언급된 바는 없다. 다만 "아버지와 아들과 성령의 이름으로 세례를 주라(마 28:19)."는 주님의 부탁의 말씀과 성자와 성부와 성령의 은혜와 사랑과 교통이 늘 함께하기를 축원하는 말씀(고후 13:13)이 있을 뿐이다.

혹자는 삼위일체라는 직접적인 표현이 성경에 없다는 이유를 들어 이 교리를 부인하려 하기도 하지만, 삼위일체 진리는 충분한 성서적 근거가 있음을 간과해서는 안 된다. 또한 삼위일체론에는 깊은 영성신학적 의미가 있기 때문에 그것을 올바로 파악하는 일이 무엇보다도 중요하다.

　사실 삼위일체의 진리는 예수님의 영성의 가장 심오한 측면을 나타낼 뿐만 아니라 기독교 영성의 가장 깊고도 오묘한 측면을 보여 주기 때문에 오늘의 그리스도인들은 이 의미를 잘/바로 이해하지 않으면 안 된다. 삼위일체적 영성을 잘못 이해하면 삼신론적 신앙으로 빠져 버릴 수도 있기 때문이다.

　놀랍게도 오늘의 많은 그리스도인들이 삼위일체적 신앙을 삼신론적 신앙과 혼동하고 있음은 안타까운 일이 아닐 수 없다. 삼위일체론에서 가장 이해하기 어려운 부분은 바로 한 하나님이 아버지와 아들과 성령의 세 인격으로 나뉘어 활동한다는 점이다. 이것을 자칫 오해하면 세 분의 신을 따로따로 인정하는 삼신론(三神論)이 되어 버릴 위험성이 있다. 사실 삼위일체론의 요점은 어떻게 유일신 신앙(Monotheism)을 견지하면서 성부 성자 성령의 각각의 신성을 인정하며, 그러면서도 세 신으로 분리되는 것이 아니라 한 하나님(One God) 안에, 다시 말하면 신성(神性)이라는 한 본성 안에 일치를 이룰 수 있느냐는 점이다.

　하지만 성부 성자 성령이 각각 다른 인격체이면서 한 하나님(신성)을 이룬다는 이치는 인간의 한정된 지성으로는 참으로 이해하기 어려운 문제가 아닐 수 없다. 그런 까닭에 고대 교회는 이 문제를 놓고 수백 년 동안 심한 논쟁에 휘말리기도 하였고, 또한 이 문제 때문에 동방교회와 서방교회가 분열되는 아픔도 겪어야 했다. 삼위일체 교리의 정립을 위하여 많은 정성과 노력을 기울인 성 어거스틴마저도 이 진리는 인간 인식의 한계를 넘어서는 신비임을 고백한 바 있다.

그럼에도 불구하고 삼위일체의 신비를 알려 주는 말씀들이 성경 곳곳에, 특별히 요한복음에 집중적으로 나타나 있음을 볼 수 있다. 성서학자들은 요한복음을 가리켜 '성령복음'이라고도 하는데, 필자는 '삼위일체의 복음'이라고 말하고 싶다. 그 이유는 삼위일체의 비밀이 요한복음에 잘 나타나 있기 때문이다. 사실 요한복음에는 우리의 인식 한계를 뛰어넘는, 그래서 우리를 당혹케 하는 구절들이 많다.

그 대표적인 예가 "태초에 말씀(logos)이 계시니라. 이 말씀이 하나님과 함께 계셨으니 이 말씀은 곧 하나님이시니라(요 1:1)." "나를 본 자는 아버지를 보았거늘 어찌하여 아버지를 보이라 하느냐(요 14:9)." "나와 아버지는 하나(일체)이니라(요 10:30)." 등이다. 유대인들은 이 말씀 때문에 예수님을 신성 모독죄로 돌로 치려 하였으며(요 10:31-33), 예수님이 십자가에 처형당한 가장 큰 이유도 하나님을 자신의 친아버지로, 자신을 친아들로 말한, 그들이 생각하는 신성 모독성 때문이었다.

그런데 저들(유대인들)의 이러한 주장에 대한 예수님의 대답에서 매우 중요한/흥미로운 점을 발견할 수 있다. "율법에 기록된 바내가 너희를 신이라 하였노라 하지 아니하였느냐 성경은 폐하지 못하나니 하나님의 말씀을 받은 사람들을 신이라 하셨거든 하물며 아버지께서 거룩하게 하사 세상에 보내신 자가 나는 하나님의 아들이라 하는 것으로 너희가 어찌 신성 모독이라 하느냐(요 10:34-36)." 여기서 주목해야 할 점은 예수님이 자신을 하나님의 아들이라고 말한 것은 어디까지나 성경적인 표현이며, 하나님과의 특별한 관계를 나타내는 종교적인 표현, 즉 영성적인 표현으로서 결코 신성 모독에 해당될 수 없다고 해명해 주셨다는 사실이다.

삼위일체론의 근거와 단서는 바로 요한복음 10장 34절의 "나와 아버지는 하나"라는 예수님의 말씀에서 비롯한다. 그런데 이 말씀의 참뜻은 예수님과 하나님은 그 속마음, 즉 그 본질/본성이 같다는 뜻이며, 동시에 예수님과 하나님은 둘로 나눌 수 없을 만큼 하나로/긴밀히 연결되어 있다는 의미다. 이것은 곧 예수님과 하나님의 친밀성, 신비한 연합성과 일치성을 나타내는 말씀이기도 하다. 이 말씀 때문에, 이 말씀의 해석에 대한 논쟁으로 고대 교회는 많은 시간을 소비했다. 그 결과 많은 교회 지도자들이 하루아침에 이단으로 몰리기도 하고, 사제와 감독의 직분에서 축출당하기도 하였다.

그런데 고대 교회 교부들이 그 많은 신학적 노고 끝에 이루어 낸 삼위일체론의 핵심은 바로 하나님과 예수 그리스도와 성령의 본성/본질(ousia=essence)이 동일한(같은) '신성(deity)'이라는 사실이다. 이것이 그 유명한 '동일 본질론(doctrine of homousia)', 즉 성부 성자 성령의 성품은 같은 신성/본질이라는 것이다. 바꾸어 말하면 하나님과 예수님과 성령은 각각 따로 역사하시지만, 세 분의 본성은 동일하며 하나라는 말이다. 이것이 바로 삼위일체론의 핵심 내용이다.

그러면 하나님 아버지와 아들과 성령은 어떤 의미에서 같은 본질/본성인가? 그것은 바로 진리와 사랑에서다. 하나님은 어떠한 분이며, 그분의 본성은 무엇인가? 예수님이 우리에게 알려 주신 하나님의 본성은 한마디로 '진리(의)'와 '사랑'이다. 예수님은 하나님이 바로 사랑과 진리 그 자체이시라고 가르쳐 주셨다. 그러면 예수님은 어떤 분이며, 그의 본성은 무엇인가? 예수님은 자신을 가리켜 길이요 진리요 생명이라고 말씀하셨고(요 14:6), 사랑을 위해 자신의 생명까지 주신 분이다.

그런 점에서 예수님은 진리와 사랑의 사람이요, 따라서 그의 본성은 곧 하나님의 본성과 동일한 진리와 사랑임을 알 수 있다. 그러면 성령의 본질/본성은 무엇인가? 예수님은 성령을 '진리의 영' 혹은 '진리'라고 말씀하셨다(요 14:17, 15:26, 16:13). 또한 성령은 하나님의 영이기 때문에 성령의 본질은 하나님의 본성인 진리와 사랑임을 알 수 있다. 이런 점에서 볼 때, 하나님 아버지와 아들과 성령은 그 본질/본성인 진리와 사랑에서 동일함(같음)을 알 수 있다. 이 것이 바로 삼위일체론의 핵심인 동일 본질론의 근거다.

기독교 영성의 역사에서 삼위일체론에 결정적인 공헌을 한 사람은 바로 성 어거스틴이다. 그는 깊은 영적 사색과 실제적인 영성 생활과 영적 경험을 통하여 다음과 같은 중요한 영성 원리를 발견하고 우리에게 전해 주었다. 즉 하나님 아버지와 아들 예수 그리스도와 성령은 같은 신성, 곧 같은 본질(즉 진리와 사랑)이시기 때문에 세 분은 상호 내재의 긴밀한 관계가 있으며, 각각 독립적으로 활동하는 것 같지만 실상은 한시도 분리됨 없이 공동으로 역사하신다는 것이다.
즉 하나님의 활동과 역사는 곧 그가 보내신 아들 예수 그리스도와 성령을 통하여 이루어지며, 또한 아들과 성령의 활동과 역사는 곧 그들을 보내신 하나님의 활동과 역사의 일환이라는 것이다. 성부 성자 성령은 항상 함께 계시고, 함께 임하시며, 함께 역사하시는 공존(共存), 공재(共在), 공역(共役)의 관계라는 것이다. 그러므로 예수님의 활동에는 하나님과 성령의 역사가 함께하고, 성령의 역사에는 예수님과 하나님도 함께 역사하신다.

이것이 바로 성 어거스틴이 영성신학적으로 체득하고 이해한 삼위일체론의 핵심이다. 이런 점으로 볼 때 그의 이해는 추상적인 이론에 바탕을 둔 것이 아니라, 깊은 영적 체험과 깨달음에 기초한 것임을 알 수 있다. 그리고 요한복음에 기록된 "나와 아버지는 일체니라."는 예수님의 말씀의 의미를 가장 올바르게, 그리고 가장 깊이 간파한 것이라고 하겠다.

오늘날의 교회는 하나님과 예수님과 성령을 각각 하나의 독립된 신으로 생각하거나 분리하여 생각하는 경향이 없지 않다. 그 한 예로 구약은 성부 시대요, 신약은 성자시대이며, 사도행전 이후의 시대는 성령시대라고 칭하며 지금은 하나님과 아들은 뒤로 물러나 있고 성령만이 역사하는 시대로 오해하는 사람들도 있다. 그러나 이러한 분류법은 아주 위험하고 잘못된 것이다. 왜냐하면 성령은 하나님을 떠나 존재하지 않으며, 또한 존재할 수도 없기 때문이다. 또한 성령의 역사는 진리와 사랑이신 하나님과 그리스도와 함께하므로 하나님과 그리스도를 떠나 생각할 수 없기 때문이다. 그리고 엄밀한 의미에서 성령은 하나님의 영인 동시에 그리스도의 영이기도 하다. 왜냐하면 성령의 본질은 사랑과 진리로서, 하나님과 그리스도의 본질과 동일하기 때문이다.

특히 요한복음을 보면 예수님과 하나님의 관계는 처음부터 끝까지 철저하게 아버지와 아들의 관계로 묘사되었다. 예수님은 "나를 본 자는 아버지를 보았거늘(요 14:9)" 또는 "나와 아버지는 하나이니라(요 10:10)."고는 말씀하셨지만, 결코 "내가 곧 아버지이며, 아버지가 곧 아들인 나다."라고는 말씀하시지 않았다. 예수님이 하나님을 아버지로 부른 것이 요한복음에만 100회나 된다. 이것은 예수님이 철저하게 자신을 하나님의 성품과 뜻을 드러내고 알리고 성취시키는 하나님의 계시자, 메신저, 사역자로 나타내셨음을 의미하는 것이다.

"내가 곧 길이요 진리요 생명이니 나로 말미암지 않고는 아버지께로 올 자가 없느니라."는 말씀은 바로 자신이 하나님의 참 계시자이기 때문에 자신을 통해서라야 하나님을 진정 올바로 알 수 있고, 하나님께로 나아갈 수 있으며, 하나님과 바른 관계를 맺을 수 있고, 그분과 연합할 수 있다는 말씀인 것이다. 이것은 곧 예수님 자신이 그리스도인의 영성의 핵심인 하나님과의 바른 관계를 위한 열쇠요 첩경임을 나타내신 것이다.

예수님과 하나님의 관계, 즉 아버지와 아들의 하나 됨(일체성)의 신비한 관계가 예수님의 영성의 심연(abyss), 곧 '한없는 깊이'를 드러낸다는 점은 이미 앞에서도 언급한 바 있다. 그 외에도 예수의 영성의 깊이를 나타내는 표현을 다음 말씀에서도 찾아볼 수 있다.

내가 아버지 안에 거하고 아버지는 내 안에 계신 것을 네가 믿지 아니하느냐 내가 너희에게 이르는 말은 스스로 하는 것이 아니라 아버지께서 내 안에 계셔서 그의 일을 하시는 것이라 내가 아버지 안에 거하고 아버지께서 내 안에 계심을 믿으라 그렇지 못하겠거든 행하는 그 일로 말미암아 나를 믿으라 (요 14:10-11)

예수님은 자신 안에 하나님이 언제나 계시고, 또한 자신은 언제나 하나님 안에 거한다고 말씀하셨다. 이것은 예수님과 하나님의 관계는 '상호 내재(mutual inter-presence)'의 신비한 관계임을 의미한다. 여기에 제3 인격이신 성령도 함께한다. 왜냐하면 예수님과 성령의 관계도 상호 내재의 관계이기 때문이다.

그러면 어떻게 하나님과 예수님과 성령의 상호 내재의 관계가 가능할까? 그것은 성부 성자 성령이 같은 신적 본성(하나의 같은 본질, homousia)이 있기 때문이다. 같은 신적 본질은 무엇을 말하는가? 그것은 곧 사랑과 진리(진선미)와 영적 실재성을 말한다.

하나님 = 진리와 사랑과 영적 실재성
예수님 = 진리와 사랑과 영적 실재성
성령님 = 진리와 사랑과 영적 실재성

즉 하나님과 예수 그리스도와 성령은 같은 사랑, 같은 진리, 같은 영적 실재성이 있다는 말이다. 아버지와 아들과 성령이 같은 진리(Truth)와 사랑(Love)과 영(靈, Spirit)이 있기 때문에 통일과 일치를 이룰 수 있으며, 또한 이 세 인격은 어떠한 장벽도 없이 서로 교통하며, 서로 내재하며, 서로 협력하여 하나님의 뜻을 성취시킬 수 있는 것이다. 이것이 삼위일체 진리의 핵심 내용이다.

그런데 여기서 주목해야 할 점은 성부 성자 성령의 상호 내재와 본질적 합일과 일치의 표현들은 전형적인 신비주의적 표현으로서, 이 삼위일체의 원리는 예수의 영성의 신비주의적 특성을 나타낸다는 사실이다. 그런 점에서 기독교의 삼위일체의 원리는 기독교 신비주의(Christian mysticism)의 특색을 드러낸다고 말할 수 있다. 일반적으로 '신비주의'는 무한자, 즉 궁극적 실재와의 직접적인 합일과 그것을 통한 궁극적 진리의 인식(깨달음)을 목표로 한다. 그 대표적인 사례들이 바로 힌두교, 불교, 도교 등 동양종교의 신비주의의 특색이다.

그러나 기독교의 삼위일체론이 담고 있는 신비주의, 곧 예수의 영성의 깊이를 나타내는 삼위일체적 신비주의는 아버지와 아들과 성령이 각각의 개별적 인격성을 견지하면서도 상호 내재의 더없이 깊고도 긴밀한 관계를 이루어 가는 신비주의로서, 이것에 굳이 이름을 붙이자면 '인격적 신비주의(personal mysticism)' 또는 '영성적 신비주의(spiritual mysticism)'라고 부를 수 있을 것이다. 이 점이 바로 기독교 신비주의의 독특성, 곧 기독교의 영성적 신비주의의 특징이라고 할 수 있다.

그러면 예수의 영성의 특징과 깊이를 나타내는 삼위일체적 영성은 우리의 영성생활과 어떤 관계가 있는가? 예수 그리스도의 삼위일체적 영성, 곧 그의 인격적 신비주의의 영성은 모든 그리스도인의 하나님과의 관계, 성령과의 관계의 모형/표상(Model)을 보여주는 것이다. 다시 말하면 예수의 삼위일체적 영성은 모든 그리스도인의 영성의 표본을 나타내며, 또한 궁극적 모범을 의미한다는 말이다. 그래서 예수님은 자신과 하나님의 상호 내재의 관계를 말씀하신 직후에 다음과 같이 덧붙이셨다.

- 내가 진실로 진실로 너희에게 이르노니 나를 믿는 자는 내가 하는 일을 그도 할 것이요 또한 그보다 큰 일도 하리니 이는 내가 아버지께로 감이라 (요 14:12)
- 내가 아버지께 구하겠으니 그가 또 다른 보혜사를 너희에게 주사 영원토록 너희와 함께 있게 하리니 그는 진리의 영이라 세상은 능히 그를 받지 못하나니 이는 그를 보지도 못하고 알지도 못함이라 그러나 너희는 그를 아나니 그는 너희와 함께 거하심이요 또 너희 속에 계시겠음이라 (요 14:16-17)
- 그 날에는 내가 아버지 안에, 너희가 내 안에, 내가 너희 안에 있는 것을 너희가 알리라 (요 14:20)

위의 말씀들에서 알 수 있듯이 예수님의 하나님 및 성령과의 상호 내재의 신비적 관계는 제자들에게도 적용되었다. 따라서 이것은 오늘의 성도들의 영성적 삶에도 적용됨을 깨닫게 된다. 왜냐하면 우리가 그리스도와 온전히 연합하여 그 안에 거할 때, 그것이 바로 하나님 안에 거하는 일임과 동시에 하나님의 영인 성령 안에 거하는 일이 되기 때문이며, 또한 우리가 성령 충만하여 성령 안에 거하면 그 성령의 임재를 통하여 그리스도가 우리 안에 거하고, 동시에 하나님이 우리 안에 거하시는 역사가 일어나기 때문이다. 즉 하나님과 예수 그리스도와 성령은 동일한 본성(신성)을 지닌 한 하나님의 세 인격체로서, 언제나 분리됨이 없이 서로 연결되어 있으며 상호 내재의 긴밀한 관계에 있기 때문이다.

여기서 우리는 매우 중요한 진리를 발견하게 된다. 즉 예수의 영성의 심오함을 나타내는 삼위일체의 영성 원리가 바로 우리의 신앙생활/영성생활에 직결된다는 사실이다. 다시 말하면 예수의 영성의 심연을 나타내는 삼위일체의 원리가 그 자신을 통해 성도들에게 전가되고 전이되며 실현된다는 말이다. 그런 면에서 예수의 삼위일체 영성은 모든 성도(사람)의 바르고 깊은 영성생활을 위한 것이며, 따라서 예수 그리스도는 성도들을 위한 삼위일체 영성의 개척자(창시자), 선취자, 안내자라고 말할 수 있을 것이다.

즉 우리가 예수님의 참 제자가 되어 그분의 교훈을 바로 깨닫고 그분과 연합하고 그분의 마음과 영을 소유하게 될 때, 우리도 예수님과 더불어, 예수 안에서, 하나님과 성령과의 상호 내재의 신비한 관계 속에 들어가게 된다는 진리를 나타내는 것이다. 이것이 바로 "나는 길이요 진리요 생명이니 나를 말미암지 않고는 아버지께로 올 자가 없느니라."는 예수님의 말씀의 의미다. 이 말씀은 하나님 및 성령과의 상호 내재의 깊은 관계 속에 들어가는 첩경(열쇠)은 바로 삼위일체 영성의 주체자요 창시자인 예수 그리스도를 통해, 곧 그의 영성을 통해 가능하다는 점을 나타내는 것이다.

요컨대 예수님의 삼위일체의 신비한 영성을 통해 우리도 하나님을 아버지라 부를 수 있을 뿐만 아니라, 영적으로 하나님을 볼 수 있고, 그의 음성을 들을 수 있으며, 그와 대화하고 교통할 수 있다. 또한 그와의 합일(연합)과 일치의 경지에까지 도달할 수 있으며, 하나님 및 성령과 더불어 상호 내재하는 신비를 경험할 수 있다. 그런 점에서 예수 그리스도는 유한자인 인간이 무한자이신 하나님 및 성령과 만나는 은밀한 장소(궁방)요, 통로이며, 사다리요, 접촉점이 되는 것이다.

이렇게 볼 때 삼위일체론은 단순한 신학적 이론상의 주제나 교리상의 문제이기보다는 오히려 성도들의 매일의 신앙생활에 필요한 영성신학적 주제로서, 기도나 예배, 묵상 시간뿐 아니라 성도의 일상생활 전반에 적용되는 실제적인 원리라고 할 수 있다.

고대 교부들, 특히 사막의 교부들과 동방교회의 교부들, 그리고 그 이후의 기독교 신비가들과 영성가들은 예수의 삼위일체적 영성의 의미, 곧 기독교의 신비주의적 영성의 진의를 잘 파악하였다. 그래서 그들은 예수님을 따라 이를 실천하기 위해 진력했고, 거기서 그리스도인의 영성생활의 더없는 감격과 황홀을 경험했으며, 그 결과로 기독교 영성의 높은 탑을 세우게 되었다.

따라서 오늘날 우리는 예수 영성의 깊이와 특징을 나타내는 이 삼위일체 영성의 심오한 진리를 영성신학적으로 올바르게 이해하고 새롭게 조명하여 매일의 영성생활에 잘 적용해야 한다. 어떤 의미에서 예수의 삼위일체 영성에 대한 바른 이해와 바른 적용이야말로 우리를 바르고 깊은 영성으로 들어가게 하며, 우리의 신앙을 한층 건강하고 성숙하게 하며, 동시에 한국교회의 영성을 한층 높은 차원으로 승화시키는 길이 될 수 있는 것이다.

화육과 새 창조의 영성

Spirituality of Incarnation and Transformation

예수 그리스도는 자신의 삶을 하나님의 마음과 뜻(의지), 그의 말씀과 지혜, 즉 하나님의 창조 목적을 정확히 알아차리고, 그것을 드러내고 전달하며 성취시키는 도구와 수단으로 사셨다. 그의 말과 행동, 심지어 그의 마음속 생각과 계획들까지도 하나님의 뜻을 실현시키는 도구로 삼으신 것이다. 이 점이 바로 예수 그리스도의 영성의 특징이며, 그의 영성의 지고함과 심오함, 그리고 정당성이다.

4장

화육과 새 창조의 영성

Spirituality of Incarnation and Transformation

예수의 영성의 또 한 가지 중요한 특징은 화육(incarnation)과 새 창조의 원리다. 제4복음서 저자 요한은 예수 그리스도가 이 세상에 오신 것과 그의 삶의 의미, 다시 말해 그의 존재의 영성적 의미(spiritual meaning)를 '하나님의 말씀(Logos)이 예수 그리스도라는 한 역사적 인물로 구체화한 사건'으로 묘사하였다. 즉 사도 요한은 예수 그리스도의 삶 전체, 곧 그의 교훈과 사역의 전 과정을 하나님의 말씀인 로고스가 육화(肉化, incarnated)된 사건으로 표현한 것이다.

그래서 그는 예수님이 이 세상에서 행하신 활동의 전체 의미를 "말씀이 육신이 되어 우리 가운데 거하시매 우리가 그 영광을 보니 아버지의 독생자(Logos)의 영광이요, 은혜와 진리가 충만하더라(요 1:14)."고 기술하였다. 고대 교부들 특히 이레니우스, 알렉산드리아의 클레멘트, 오리겐, 닛사의 그레고리 등 카파도키아 교부들은 한결같이 예수 그리스도가 이 세상에 오신 목적과 그의 사역의 의미를 "로고스(하나님의 말씀)가 인간이 되신 것은 인간을 자기 자신과 같은 신적인 거룩한 존재로 만들기 위함"이라고 표현하였다.

그런데 실은 요한복음 서두에 사용된 이 '로고스(Logos)'라는 단어는 단순히 '말씀'이라는 의미만이 아니라 매우 포괄적인 뜻을 담고 있다. 본래 '로고스'는 기원전 4-5세기부터 그리스 문화권에서 우주 만물의 생성적 힘 또는 창조적 원리로서의 '이성(Reason)' 및 '정신(Nous)', '관념(Idea)' 또는 '진리(Truth)'의 의미로 널리 쓰이던 말이었다. 이것을 동양사상적 표현으로 말하자면, 우주 만물의 근원 또는 생성적 원리인 도(道), 태극, 천(天), 성(誠), 혹은 리(理)와 유비되는 개념이기도 하다. 따라서 '말씀이 육신이 되다.'를 동양사상적 표현으로 하면 '도성인신(道成人身)', 곧 '하늘의 도가 화육되어 사람이 되다.'라는 말로 바꿀 수 있다. 즉 하늘의 영원한 진리가 한 사람의 모습으로 구체화되어 역사상에 나타났다는 것이다.

이 로고스라는 그리스적 개념은 주전 1세기경 알렉산드리아에서 활동한 유대인 철학자 필로(Philo)에 의해 하나님의 '말씀'을 지칭하는 히브리어 '다바르(Dabhar)'의 개념과 접목되어 사용되었다. 히브리어 '다바르'는 창세기 1장에 나오는 태초에 하나님께서 만물을 창조하실 때 사용된 하나님의 '말씀'으로서(하나님이 이르시되 빛이 있으라 하시니 빛이 있었고, 창 1:3), 만물의 창조의 힘과 원리가 될 뿐 아니라 인간, 특히 하나님 백성의 삶의 근본 원리와 지침(guide)이기도 하다. 그래서 히브리 예언자들은 하나님을 대신해 "나 여호와가 말하노라."고 외치며 이스라엘 백성을 향하여 하나님 말씀의 대변자 역할을 하였다. 그런데 한 가지 매우 흥미롭고 중요

한 사실은 구약성서의 지혜문서인 잠언서에서는 하나님의 말씀인
이 '다바르'가 하나님의 '지혜(Sophia)'라는 개념으로 사용되었다
는 점이다.

> 여호와께서 그 조화의 시작 곧 태초에 일하시기 전에 나(지혜)를 가지
> 셨으며 만세 전부터, 태초부터, 땅이 생기기 전부터 내가 세움을 받았
> 나니 아직 바다가 생기지 아니하였고 큰 샘들이 있기 전에 내가 이미
> 났으며 산이 세워지기 전에, 언덕이 생기기 전에 내가 이미 났으니 하
> 나님이 아직 땅도, 들도, 세상 진토의 근원도 짓지 아니하셨을 때에라
> 그가 하늘을 지으시며 궁창을 해면에 두르실 때에 내가 거기 있었고 그
> 가 위로 구름 하늘을 견고하게 하시며 바다의 샘들을 힘 있게 하시며
> 바다의 한계를 정하여 물이 명령을 거스르지 못하게 하시며 또 땅의 기
> 초를 정하실 때에 내가 그 곁에 있어서 창조자가 되어 날마다 그의 기
> 뻐하신 바가 되었으며 항상 그 앞에서 즐거워하였으며 (잠 8:22-30)

잠언서 저자는 "여호와께서 그 조화의 시작, 곧 태초에 일하시
기 전에 나(지혜)를 가지셨으며 …… 그가 하늘을 지으시며 궁창을
해면에 두르실 때에 내가 거기 있었고"라고 하여, '지혜'는 만물이
창조되기 전부터 하나님과 함께 있었고, 또한 하나님의 창조의 전
과정에 참여하여 모든 만물이 조성된 창조의 원리가 되었음을 말하
였다. 그런 점에서 여기 잠언서의 '지혜'는 곧 요한복음 1장 서두
의 "태초에 말씀이 계시니라. 이 말씀이 하나님과 함께 계셨으니
이 말씀은 곧 하나님이시니라. 그(말씀)가 태초에 하나님과 함께 계
셨고 만물이 그로 말미암아 지은 바 되었으니 지은 것이 하나도 그
가 없이는 된 것이 없느니라(요 1:1-3)."는 말씀의 뜻과 일치함을 발

건하게 된다.

그러면 잠언서가 말하는 '지혜(Wisdom)', 곧 만물의 창조 원리로서의 하나님의 '지혜'는 무엇을 말하는가? 한마디로 하나님의 지혜는 하나님의 창조에 사용된 모든 것, 곧 하나님의 창조 의지, 목적, 계획, 능력, 솜씨 등을 모두 포함하는 매우 포괄적인 개념으로서, 요한복음 1장에서 언급한 만물의 창조 원리로서의 하나님의 말씀, 그리고 능력으로서의 로고스와 같은 의미임을 알 수 있다. 사도 요한은 이 로고스가 태초, 곧 만물이 창조되기 전에 하나님과 함께 있었고, 또한 로고스 없이는 이 세상에 존재하는 모든 것이 하나도 존재할 수 없다고 하였다. 바로 이 로고스가 하나님의 창조의 모든 수단이기 때문이다. 또한 사도 요한은 "그(로고스) 안에는 생명이 있었으니 이 생명은 사람들의 빛이라."고 하여 로고스가 만유의 창조 원리일 뿐 아니라 인간의 영혼을 살리고 밝혀 주는 영적 생명과 광채를 내포하고 있음을 피력하였다.

사도 요한은 이 세상에 오셔서 하나님의 말씀, 곧 인류 구원의 귀중한 복음을 전해 주신 예수 그리스도를 바로 이 '하나님의 말씀과 지혜의 화육(Incarnation of Logos and Sophia)'의 사건으로 본 것이다. 왜냐하면 예수님의 말씀과 그의 인격과 삶을 직접 보고 경험한 당시의 사람들, 특히 그의 제자들은 예수 그리스도에게서 하나님의 모든 선하신 뜻과 의도, 즉 다른 어느 곳에서도 찾을 수도 만날 수도 없는 참으로 경이롭고도 황홀한 '영성의 깊이(depth of spirituality)'를 발견하였기 때문이다. 그들은 예수 그리스도에게서 하나님의 진리와 사랑의 전적인 현시와 신비를 보았던 것이다.

그래서 한때 예수님을 따르다 그의 말씀의 깊은 의미를 제대로 이해하지 못하여 결국 떠나가 버리는 사람들을 보신 예수님이 남아 있는 제자들을 향하여 "너희도 가려느냐?"고 물으셨을 때, "영생하는 말씀이 주께 있사오니 우리가 누구에게로 가오리까."라고 대답한 것이다. 그들은 예수님에게서 하나님의 인류 구원의 계시적 진리, 즉 인간이 참으로 구원을 얻는 영생하는 진리, 다시 말하면 만유의 창조 원리와 인류 구원의 도리인 하나님의 '지혜(로고스)'의 온전한 현시를 보았던 것이다. 그런 점에서 예수 그리스도는 바로 하나님의 말씀과 지혜가 '화육(化肉, incarnated)' 된 분으로서, 그는 곧 하나님 말씀의 화신(化身), 지혜의 화신, 진리의 화신, 자비와 사랑의 화신, 하나님의 인류 구원의 목적과 의도(의지)의 화신이요 구현자(具顯者)라고 말할 수 있을 것이다.

여기서 우리는 매우 중요한 한 가지 진리를 발견하게 된다. 즉 예수 그리스도의 삶은 바로 인간과 만유를 향한 하나님의 사랑과 진리와 선함, 그리고 그분의 뜻과 의지를 드러내고 실현시키며, 성취시키고 완성시키는 일이라는 점이다. 예수 그리스도는 자신의 삶을 하나님의 마음과 뜻(의지), 그의 말씀과 지혜, 즉 하나님의 창조 목적을 정확히 알아차리고, 그것을 드러내고 전달하며 성취시키는 도구와 수단으로 사셨다는 사실이다. 그의 말과 행동, 심지어 그의 마음속 생각과 계획들까지도 하나님의 뜻을 실현시키는 도구로 삼으신 것이다. 이 점이 바로 예수 그리스도의 영성의 특징이며, 또한 그의 영성의 지고함과 심오함, 그리고 정당성이다.

기독교 영성은 예수 영성의 이 지고함을 올바로 이해하고, 오늘의 우리 교회와 사회에서 구체적으로 실천하고 실행하는 일이라고 할 수 있다. 다시 말해 기독교 영성이란 바로 오늘 우리의 역사적 또는 사회적 현실 속에서 이 시대를 향한 하나님의 말씀과 그의 뜻, 즉 하나님이 우리에게 원하시는 바를 우리의 인격과 삶에서, 그리고 우리의 교회를 통해 구체적으로 드러내고 실현시키는 일인 것이다. 이것이 바로 예수의 영성의 특징인 화육의 진리, 곧 화육의 영성의 근본 내용이다. 나의 인격과 삶, 곧 나라는 존재가 바로 하나님의 말씀대로, 하나님이 원하시는 바대로 '되어야(becoming)' 한다는 말이다. 또한 오늘의 교회들이 하나님이 원하시는 모습대로 '되어야' 한다는 말이다. 이 점이 예수 그리스도의 인격과 삶의 참 모습이며, 또한 이것이 바로 요한복음에 나타난 성육신, 곧 화육 (incarnation)의 진리의 핵심 내용인 것이다.

오늘의 그리스도인들과 교회의 존재 이유와 의미는 무엇인가? 그것은 바로 예수님이 친히 보여 주신 화육의 영성을 실천하고 실현하는 일, 즉 이 세계와 이 시대, 그리고 오늘의 교회와 사회를 향해 하나님이 바라고 원하시는 바를 올바로 파악하고, 그것을 사람들에게 바로 알려 주고 보여 주며 온전하게 성취시키는 도구가 되는 일이다. 그것이 바로 화육의 진리가 담고 있는 영성적 의미이며, 또한 그리스도인들과 교회가 우선적으로 수행해야 할 영성적 과제요 사명이라 할 수 있다.

그런데 여기서 우리가 꼭 유의해야 할 매우 중요한 사실이 있다. 그것은 바로 하나님과 동일한 본성, 곧 신성을 지닌 하나님의 말씀과 지혜(진리)로서의 로고스가 인간의 육(몸)과 결합하여 한 인간으로 육화되어 한 역사적 현실에 실존했다는 사실이다. 그것이 바로 사도 요한이나 또한 다른 복음서 저자들이 예수의 삶과 사역의 의미, 곧 그의 영성에 관해 보여 주려 한 근본 의도다. 즉 복음서 저자들이 진정으로 우리에게 보여 주려 한 내용은 예수 그리스도의 삶의 전 과정, 즉 그의 탄생에서 시작하여 그의 성장과 사역, 그리고 그의 십자가 죽음과 부활에 이르기까지의 전 과정이 하나님의 말씀과 신적 지혜(divine wisdom)인 이 로고스의 화육의 과정이며 내용이라는 점이다. 그래서 누가는 예수님의 생애, 특히 그의 유년 시절을 한 역사적 인물의 정상적인 성장 과정으로 다음과 같이 묘사하였다.

- 아기(예수)가 자라며 강하여지고 지혜가 충만하며 하나님의 은혜가 그의 위에 있더라 (눅 2:40)
- 사흘 후에 성전에서 만난즉 그가 선생들 중에 앉으사 그들에게 듣기도 하시며 묻기도 하시니 듣는 자가 다 그 지혜와 대답을 놀랍게 여기더라 (눅 2:46-47)
- 예수는 지혜와 키가 자라가며 하나님과 사람에게 더욱 사랑스러워 가시더라 (눅 2:52)

여기서 우리가 주목해야 할 점은 예수님이 성장하면서 몸의 성장과 함께 지혜도 자랐으며, 또한 하나님과 사람에게 점점 사랑스러워지셨다는 사실이다. 여기에 기록된 "지혜가 자라고"와 "하나님과 사람에게 더욱 사랑스러워 가시더라."는 구절은 완료형이 아니라 진행형이다. 그리고 특히 하나님과 사람들에게 사랑을 받았다는 표현은 그의 영적 성숙과 성장의 측면을 보여 주는 것이다. 이것으로 우리는 예수님도 우리와 같이 정상적인 인간의 성장 과정과 함께 영적 정진을 통한 영적 성장의 과정도 밟았다는 중요한 사실을 알 수 있다. 물론 예수님은 우리와 같은 보통 사람과는 달리 영적 감수성과 통찰력 면에서 비범함이 있었을 것이다.

특히 예수님이 12세 때 예루살렘 성전에서 하신 행동에 대한 누가의 기록이 이것을 암시해 준다. 누가는 예수님이 거기서 선생들과 함께 있으면서 그들에게 듣기도 하고 묻기도 하였다고 기록하였다. 여기 선생들이란 당시의 종교 지도자들인 유대교의 랍비들, 즉 율법사나 서기관들, 혹은 당대의 유명한 율법(성경) 학자들이었을 것이다. 소년 예수가 그들과 더불어 듣기도 하고 묻기도 하였다는 것은 그의 성경 진리에 대한 진지한 구도적 태도, 즉 진리에 대한 학구적 태도를 보여 주는 점이다. 어린 예수는 당시의 성경 학자들의 성경 해석을 열심히 경청하고 배우고 익히며, 또한 그들에게 질문도 하고 때로는 그들의 질문에 대답도 했을 것이다. 그런데 예수의 답변을 듣는 자마다 모두 그 지혜와 대답을 놀랍게 여겼다고 누가는 기록하였다.

「갈망하는 정신, 불타는 마음(Yearning Minds & Burning Hearts)」의 저자 글랜디온 카니는 예수 그리스도의 영성의 근저에는 성경에 대한 그의 특별한 통찰과 깊은 인식(깨달음)이 있음을 지적하였다. 복음서에 나타난 예수님의 생애에서, 특히 타인과의 대화에서나 종교적인 질문에 대한 대답에서 발견되는 특이한 점은 예수님은 성경에 대한 해박한 지식이 있었으며, 성경 이해 면에서도 단순한 문자적 의미보다는 깊은 영적 의미를 파악하는 예리한 통찰력이 있었다는 점이다. 그리고 특히 공생애의 중요한 고비마다 예수님은 성경 말씀으로 문제를 해결하셨다. 광야에서의 사탄의 시험도 성경 말씀으로 물리치셨고(눅 4:4), 바리새파나 사두개파 사람들의 공격이나 어려운 질문에도 성경 말씀으로 대응하심으로 문제를 해결하였다. 한 예로 부활을 믿지 않는 사두개파 사람들의 까다로운 질문(막 12:18-23)에 예수님은 다음과 같이 대답하셨다.

> 예수께서 이르시되 너희가 성경도 하나님의 능력도 알지 못하므로 오해함이 아니냐 사람이 죽은 자 가운데서 살아날 때에는 장가도 아니 가고 시집도 아니 가고 하늘에 있는 천사들과 같으니라 죽은 자가 살아난다는 것을 말할진대 너희가 모세의 책 중 가시나무 떨기에 관한 글에 하나님께서 모세에게 이르시되 나는 아브라함의 하나님이요 이삭의 하나님이요 야곱의 하나님이로라 하신 말씀을 읽어 보지 못하였느냐 하나님은 죽은 자의 하나님이 아니요 산 자의 하나님이시라 너희가 크게 오해하였도다 하시니라 (막 12:24-27)

여기서 우리는 예수님의 성경 말씀에 대한 이해의 탁월함, 곧 그의 영적 직관력을 알 수 있다. 그러면 예수님의 이러한 영적 통찰력은 어디에서 온 것일까? 그것은 아마도 그의 성경 말씀에 대한 깊은 이해와 통달, 그리고 그것들을 통해 얻어진 하나님의 영감과 신적 지혜에서 비롯한 것일 것이다. 즉 예수님은 누구보다 성경 말씀을 깊이 연구하고 깨우치며 거기서 하나님의 뜻과 계시적 진리에 대한 영감을 얻음과 동시에, 그 뜻을 자신의 인격과 삶에 한 단계 한 단계 지속적으로 적용시키고, 또한 그것을 바로 자신의 선교적 사명에 구현시키며 실천해 나가신 것이다.

다시 말하자면 예수님은 자신의 영적 직관으로 깨달은 하나님의 말씀과 뜻을 자신의 삶에 점진적이고 구체적으로 화육시켜 (incarnated) 나갔다는 말이다. 이것이 바로 예수님의 영성의 특징인 화육의 진리가 의미하는 내용인 것이다. 즉 예수님의 삶은 바로 하나님의 말씀대로 사는 삶이요, 하나님의 뜻을 성취시키는 삶이었다는 말이다. 따라서 기독교 영성은 바로 하나님의 말씀대로 사는 삶의 영성, 하나님의 뜻을 성취시키는 삶의 영성이 되어야 하는 것이다.

한편 요한복음에 나타난 화육의 진리에는 또 하나의 중요한 의미가 담겨있다. 즉 하나님의 말씀(Logos)인 영적 실재와 육적인 요소가 결합하여 예수 그리스도라는 한 역사적 인물인 참 인간이 되었다는 사실이다. 인간의 육신, 곧 육적인 요소는 비영성적 또는 반영성적 요소다. 사도 바울이 로마서 8장에서 의미심장하게 언급한 바와 같이 육적인 것은 영적인 것에 반대되는 요소다. 창세기를 보면 하나님께서 인간을 창조하실 때, 흙으로 인간의 외형을 만드신 후 코에 하나님의 '생기', 즉 '영(spirit)'을 불어넣으심으로 생령, 곧 산 인간이 되었다고 하였다. 흙은 육을 의미하며 하나님의 호흡은 영성, 곧 영적 요소를 의미한다. 즉 인간은 육과 영의 결합체라는 말이다.

예수 그리스도는 육체를 입고 이 세상에 오심으로 우리와 똑같은 인간이 되신 것이다. 그런데 예수님은 이 비영성적인 요소인 육적인 요소를 하나님의 뜻에 전적으로 복종시키고 순응(영성화)시킴으로써 전적인 영적인 인격체를 이루셨다. 그리하여 모든 사람이 본받고 따라야 할 하나님의 사람(아들), 곧 참 영적인 사람(real spiritual man)이 되신 것이다. 이것이 바로 요한복음이 보여 주는 화육의 진리가 담고 있는 깊은 내용이다.

기독교 영성의 특징은 바로 예수 그리스도의 화육의 영성, 즉 인간의 몸을 구성하는 비영성적 요소인 육적인 요소를 하나님의 말씀과 지혜인 로고스, 즉 영적인 요소에 순응시키고 동화시키는 일을 의미하는 것이다. 인간의 육체는 감각적인 특성이 있기 때문에 본능적인 욕망의 충동을 일으키며 끊임없이 유혹을 당한다. 누구라도 예외가 없다. 그렇기 때문에 인간의 비영성적 요소인 육체적 욕망과 충동들을 하나님이 기뻐하시는 선한 의지로 절제시키고 순화시키는 일은 참으로 어려운 일이 아닐 수 없다. 이를 위해서는 참으로 처절하고도 피나는 영적 정진이 요구되는 것이다.

또한 이것은 하루아침에 이루어지는 것도 아니며, 또한 이루어질 수도 없다. 고대 이집트의 사막의 교부 성 안토니 같은 수도사도 자신의 육신을 영의 지배에 완전히 순응시키기 위해 수년, 아니 수십 년을 광야와 동굴에 머물면서 처절한 영적 투쟁과 수도를 감행해야 했다. 인간의 영적 정진의 필요성에 관해 리용의 감독 교부 이레니우스(Irenaeus, 136-202AD)는 다음과 같이 말했다.

우리 인간은 갑자기 완전에 이를 수 없다. 완전의 실현은 오직 점진적일 뿐이다. 그것은 전 생애에 걸쳐 진행되어야 할 일이다. 처음 사람 아담은 처음부터 완전자가 아니었다. 그는 완전자가 아니라 미완성자였으며, 하나님 앞에서 어린아이와 같았다. 아담과 이브의 타락의 비극은 성숙과 완전을 위해 오래 기다리지 않고 서둘렀기 때문이었다. 그들은 오래 기다리지 않고 서둘렀기 때문에 유혹에 넘어지고 말았다. 그러나 예수 그리스도는 인간의 여러 단계에서 넘어지지 않고 하나님의 형상을 지닌 사람의 모습을 완성시킴으로써 인류의 첫 열매의 길을 보여 주셨다. 그리스도는 우리와 똑같은 인간으로 사셨으며, 생의 전 과정을 통해 온전한 성화(聖化)를 이루셨다. 우리는 그리스도 안에서 신성과 인성, 영과 육의 완전한 조화와 통일을 본다. (Cheslyn Jones & Others, The Study of Spirituality, New York: Oxford Univ. Press, 1986, pp.108ff.)

이상에서 본 바와 같이 예수의 영성의 특징인 화육의 진리는 근본적으로 하나님의 창조적 능력과 지혜인 로고스에 의한 인간의 영성화, 곧 영적 성장의 원리를 내포한다. 그런 점에서 화육의 진리는 곧 인간의 영성화의 원리(a way of spiritual formation), 또는 영적 성장의 원리(a way of spiritual growth)라고 말할 수 있다. 이러한 영성화의 완전한 모습을 우리는 예수님의 삶과 말씀과 행위들에서, 그리고 그의 인격과 하나님과의 관계에서 보는 것이다. 따라서 예수 그리스도는 모든 사람(그리스도인)이 참으로 본받고 따라야 할 모범이며 목표가 되는 것이다.

우리는 복음서에서 예수님의 교훈의 많은 부분이 인간의 영적 성장에 관한 말씀들로 채워져 있음을 볼 수 있다. 특히 마태복음 5장 이하에 있는 8복의 말씀을 포함한 산상수훈은 인간의 영성화와 영적 성장의 구체적인 방법들에 관한 말씀이다. 그리고 여기에서 예수님은 인간의 영적 성장, 곧 영성화의 목표까지 알려 주었다. "하늘에 계신 너희 아버지의 온전하심과 같이 너희도 온전하라(마 5:48)." 즉 예수님은 우리의 영적 성장의 목표를 하나님의 거룩한 형상을 지닌 인간으로서의 완전(완성)의 경지에까지 이르는 것이라고 말씀하신 것이다.

그 경지에 이른 사람의 모습은 어떠하며, 누가 그 완전함에 이르렀는가? 그가 바로 우리 영성의 참 모범인 예수 그리스도다. 그래서 사도 바울은 모든 그리스도인을 향하여 우리의 영적 성장의 목표인 예수 그리스도의 영적 상태에까지 도달하기 위하여 진력하자고 권고하였다. "우리가 다 하나님의 아들을 믿는 것과 아는 일에 하나가 되어 온전한 사람을 이루어 그리스도의 장성한 분량이 충만한 데까지 이르리니 이는 우리가 이제부터 어린아이가 되지 아니하여 사람의 속임수와 간사한 유혹에 빠져 온갖 교훈의 풍조에 밀려 요동하지 않게 하려 함이라. 오직 사랑 안에서 참된 것을 하여 범사에 그에게까지 자랄지라. 그는 머리니 곧 그리스도라." (엡 4:13-15)

사도 바울은 '범사'에 그(그리스도)에게까지 자라야 한다고 하였다. 범사란 '모든 일에서(in all things)'를 의미한다. 여기서 모든 일이란 인간의 '모든 면(in every aspect)', 즉 말하는 것이나 생각하는 것이나 행동하는 것, 그리고 대인 관계나 하나님과의 관계, 모든 피조물을 대하는 관계 등 모든 일에서 예수 그리스도의 모습을 닮아야 하고, 또한 같아져야 함을 의미하는 것이다. 이와 맥을 같이하여 사도 바울은 자기 자신의 영적 성장의 과정을 다음과 같이 표현하였다. "내가 어렸을 때에는 말하는 것이 어린아이와 같고 깨닫는 것이 어린아이와 같고 생각하는 것이 어린아이와 같다가 장성한 사람이 되어서는 어린아이의 일을 버렸노라." (고전 13:11)

여기서 바울은 자신의 영적 상태가 처음에는 어린아이같이 미숙하기 그지없는 상태였으나 예수 그리스도를 통하여 점진적으로 성장하여 장성한 성인의 경지에까지 이르렀다고 말하였다. 그러면서도 그는 아직 자신이 다 이룬 것이 아니라 지금도 예수 그리스도의 완전의 목표를 향해 정진하고 있다고 강조하였다. "내가 이미 얻었다 함도 아니요, 온전히 이루었다 함도 아니라. 오직 내가 그리스도 예수께 잡힌 바 된 그것을 잡으려고 달려가노라. 형제들아, 나는 아직 내가 잡은 줄로 여기지 아니하고 오직 한 일, 즉 뒤에 있는 것은 잊어버리고 앞에 있는 것을 잡으려고 푯대를 향하여 그리스도 예수 안에서 하나님이 위에서 부르신 부름의 상을 위하여 달려가노라."(빌 3:12-14)

뿐만 아니라 사도 바울은 자신의 믿음의 아들 격인 젊은 동역자 디모데에게 영적 진보와 성장을 위해 경건의 훈련에 진력하라고 권고하였다. "망령되고 허탄한 신화를 버리고 경건에 이르도록 네 자신을 연단하라. 육체의 연단은 약간의 유익이 있으나 경건은 범사에 유익하니 금생과 내생에 약속이 있느니라(딤전 4:7-8)." 이것으로 볼 때 사도 바울은 예수 그리스도의 복음이 담고 있는 화육의 진리, 곧 그리스도인의 영적 성장의 원리를 정확히 파악하였음이 분명하다. 특히 복음서에 기록된 예수님의 비유의 말씀들은 이 땅에서의 하나님 나라 실현과 확장뿐만 아니라 인간의 영적 진보와 성장에 관한 말씀임을 쉽게 알 수 있다. 특히 마가복음 4장 26절 이하의 '자라는 씨의 비유'와 '겨자씨 비유'는 그리스도인의 영적 성장의 원리를 잘 표현해 준다.

또 이르시되 하나님의 나라는 사람이 씨를 땅에 뿌림과 같으니 그가 밤낮 자고 깨고 하는 중에 씨가 나서 자라되 어떻게 그리 되는지를 알지 못하느니라 땅이 스스로 열매를 맺되 처음에는 싹이요 다음에는 이삭이요 그 다음에는 이삭에 충실한 곡식이라 …… 또 이르시되 우리가 하나님의 나라를 어떻게 비교하며 또 무슨 비유로 나타낼까 겨자씨 한 알과 같으니 땅에 심길 때에는 땅 위의 모든 씨보다 작은 것이로되 심

긴 후에는 자라서 모든 풀보다 커지며 큰 가지를 내나니 공중의 새들
이 그 그늘에 깃들일 만큼 되느니라 (막 4:26-32)

여기서 하나님의 나라와 그리스도인의 영성은 같은 의미로 이
해할 수 있다. 즉 하나님의 나라와 그리스도인의 영적 성장은, 땅에
심긴 씨앗이 처음에는 싹이 나고 다음에는 줄기가 나며 그 줄기가
자라고 또 자라 나중에는 많은 열매를 맺는 단계에까지 이르는 것
같이 아주 작고 미미한 것에서 큰 것으로, 낮은 단계에서 지고한 단
계로, 미숙한 단계에서 성숙한 단계로 성장해 간다는 말씀이다. 또
한 그것은 마치 겨자씨 같은 아주 작고 미약한 것에서 시작하지만
밤낮으로 자라고 성장해 나중에는 새들이 와서 쉬고 갈 만한 큰 식
물이 된다는 말씀이다. 그리스도인의 영적 성장의 원리를 매우 잘
표현한 비유들이라 하겠다.

또한 씨 뿌리는 비유에서 예수님은 복음을 받아들여 영적 성장
을 이루는 사람의 마음을 옥토에 비유하셨다. 그리고 세상적인 것
들에 대한 집착과 염려, 마음 다침, 교만, 강퍅, 인색, 무관심, 고난,
나태 등 여러 가지 장애물들 때문에 영적 성장을 이루지 못하는 마
음을 길가, 자갈밭, 가시덤불밭에 비유하셨다. 옥토의 마음을 소유
한 사람이란 하나님이 기뻐하실 만한 경지, 곧 완전의 경지에까지
성장하기 위해 부단하게 영적 정진을 이루어 가는 사람을 의미하는
것이다.

특히 기독교 영성 분야와 영성신학에 큰 공헌과 업적을 남긴
고대 교부들, 즉 알렉산드리아의 클레멘트와 오리겐, 카파도키아
교부들인 성 바질과 나찌안주스의 그레고리와 닛사의 그레고리, 그

리고 광야의 교부들(Desert Fathers)이라 불리는 4세기의 이집트의 수도사 마카리우스와 에바그리우스 및 그의 친구 카씨안 등은 그리스도인의 영적 성장을 크게 3단계로 구분하였다.

(1) 정화(Purgation)의 단계
우리의 혼탁한 영혼을 깨끗이 정화시키는 과정
(2) 조명(照明, Illumination)의 단계
영의 눈이 열려 지고한 영적 지혜(靈智, Gnosis)를 얻게 되는 단계
(3) 합일(Union)의 단계
하나님의 지고한 사랑 속에 우리 영혼이 잠겨 하나님과 우리 영혼이 신비한 연합을 이루는 단계

그러나 고대의 교부들이나 영성가들이 제시해 준 이러한 영적 성장의 구분법은 개신교 전통에서는 자취를 감추게 되었고, 그 대신에 칭의와 성화의 교리로 대체되고 말았다. 즉 그리스도인들의 영성 성장과 성숙의 과정 및 단계를 나타내는 중요한 표현들은 개신교 전통, 즉 16세기 종교개혁자들과 18세기 경건주의 영성가들에 의해서는 칭의와 성화, 완전의 단계로 설명된 것이다. 그런 점에서 오늘날 교회에서 자주 접하게 되는 칭의와 성화의 교리도 사실은 예수님의 영적 성장 원리인 화육과 새 창조의 진리에 근거를 두고 있는 것이다.

그러면 우리는 어떻게 영적 성장을 이룰 수 있으며, 영적 성장을 위한 최상의 방법은 무엇인가? 다시 말해 우리는 어떻게, 어떠한 방법으로 예수 그리스도의 장성한 분량에까지 이를 수 있는가? 예

수님은 우리에게 영적 성장의 목표만을 제시해 주신 것이 아니라 영적 성장을 위한 중요한 방법까지 구체적으로 알려 주었다. 사실 예수님의 말씀인 복음 전체가 영적 성장의 원리들이다. 특히 예수님의 산상수훈, 그 중에서도 8복의 말씀은 영적 성장을 위한 최상의 방법이다. 이것은 다음 장에서 구체적으로 다루고자 한다. 우선 여기서는 예수님의 교훈 중에서 우리의 영적 성장의 가장 중요한 원리에 해당하는 '새 창조(new creation or total transformation)'의 원리에 대해 말하고자 한다.

예수님은 영적 성장의 관문이요 가장 기초가 되는 방법과 원리로서 '회심(repentance)'과 '중생(rebirth)'을 말씀해 주었다. 복음서에 기록된 예수님의 선교의 제일성은 "때가 찼고 하나님의 나라가 가까이 왔으니 회개하고 복음을 믿으라(막 1:15)."는 말씀이었다. 이것을 마태는 "회개하라, 천국이 가까이 왔느니라(마 4:17)."고 표현하였다.

즉 하나님 나라(하늘나라)를 소유하기 위해서는 먼저 우리의 과거와 현재의 자아의 영적 상태를 점검하고, 우리의 영혼이 얼마나 더럽고 혼탁해졌으며, 얼마나 어둡고 답답하며 공허한 상태에 있는지를 깊이 관찰하고, 거기에서 탈출하여 새로운 삶, 즉 참 자유와 평화와 기쁨과 만족이 있는 영적인 삶을 위한 도약과 출발을 위하여 새로운 결단과 결심을 단행해야 한다는 것이다.

그것을 예수님은 하나님 나라를 소유하기 위한 '회개' 또는 '회심(metanoia)'으로 표현하셨다. 여기서 사용된 회심 또는 회개를 지칭하는 그리스어 '메타노이아'란 사람의 삶의 방법과 태도, 그리고 생각과 사고의 틀의 완전한 전환과 새로워짐(conversion)을 의미한다. 왜냐하면 바로 이 회개와 회심이 인간의 영적 성장의 첩경이며 중대한 계기가 되기 때문이다.

　　따라서 진정한 영적 성장을 이루고자 한다면, 바로 지금 자신의 영적 상태를 깊이 점검하고, 영적 성장의 목표인 예수 그리스도의 영성에서 얼마나 멀리 떨어져 있는지를 살펴보며, 우리 영혼의 거울이신 하나님 앞에서 자신의 죄성을 비추어 보고, 그 모든 부족한 점과 잘못 하나하나를 발견해 냄과 동시에, 자신의 영적 빈곤과 결핍에 대해 깊이 회개하고 통회하는 것이 우선되어야 한다. 즉 하나님이 주신 생명과도 같은 귀중한 시간을 낭비하는 것과 영적 성장에 대한 나태와 무감각과 무관심을 포함한 모든 잘못된 습관, 곧 모든 비영성적 생활태도와 습관을 과감히 청산하고, 영적 성장을 위한 새로운 출발을 위해 결단하고 행동으로 옮겨야 하는 것이다.

　　회개와 회심은 단순히 마음속에서 잘못을 인정하고 뉘우치는 것에 그치는 것이 아니다. 새로운 영적인 생활로의 전환과 함께 영적 정진을 위한 비장한 결단과 실행을 동반해야 한다. 그래서 예수님은 "나더러 주여 주여 하는 자마다 다 천국에 들어갈 것이 아니요 다만 하늘에 계신 내 아버지의 뜻대로 행하는 자라야 들어가리라 (마 7:21)." "나의 이 말을 듣고 행하지 아니하는 자는 그 집을 모래 위에 지은 어리석은 사람 같으리니(마 7:26)."라고 말씀하셨다.

　　그러면 이 영적 성장을 위한 회개나 회심은 한 번으로 족한 것인가? 결코 그렇지 않다. 회심과 회개는 사도 바울이 그리스도 안에서 매일 죽는다고 고백한 것과 같이 그리스도인의 영적인 삶에서 매일 매순간 있어야 한다. 회개와 회심은 하나님 앞에서 자신의 모든 교만한 생각을 버리고 겸허한 자세로 돌아서는 태도이며, 또한 진실한 기도자의 온당한 태도인 것이다. 우리가 매일 매순간 하나님 앞에서 자신에 대한 영적인 성찰과 반성을 통해 모든 허물과 위선을 낱낱이 찾아내어 깊이 뉘우치며 용서를 받고 새로운 결단과 함께 새 출발을 하는 것은 마치 하나님께로 연결된 영적인 높은 사다리를 한 단계씩 올라가는 것과 같다고 할 수 있다.

이렇게 우리는 매일 매순간 하나님 앞에서 진실한 회심과 참회 (의 기도)를 함으로 영적 성장의 계단(사다리)을 한 단계씩 올라갈 수 있다. 그렇기에 고대 동방교회에서는 '예수기도(Jesus Prayer)', 즉 "주 예수 그리스도여, 이 죄인을 불쌍히 여기소서."라는 기도를 수없이 반복하였는데, 이 기도는 우리 영혼의 매순간의 참회(회개)가 함축된 기도 형식이라고 볼 수 있다.

한편 예수님은 회개와 회심과 함께 영적 성장의 결정적인 중요한 방법을 제시해 주셨는데, 그것이 바로 하나님의 은혜에 의한 성령의 임재와 내주의 결과인 '중생'의 원리, 곧 '새 창조(new creation or total transformation)'의 원리다. 예수님은 이 귀중한 진리를 바리새파 사람이며 당시 유대인 관원이었던 니고데모에게 말씀해 주셨다. "사람이 거듭나지 않으면 하나님 나라를 볼 수 없다."고 하시며, 거듭난다는 것은 물과 성령으로 다시 태어나는 일이라고 설명해 주셨다.

이 때 니고데모가 거듭난다, 다시 태어난다, 혹은 중생한다는 말의 참뜻을 이해하지 못하고 그 의미를 되묻자, 예수님은 물과 성령으로 다시 태어난다는 것은 인간이 육적인 사람에서 영적인 사람으로 완전히 새로워지고 전적으로 변화되는 것을 의미한다고 가르처 주셨다. 그래서 "육으로 난 것은 육이요 영으로 난 것은 영이니 내가 네게 거듭나야 하겠다 하는 말을 놀랍게 여기지 말라(요 3:6)."고 말씀하신 것이다.

비영성적 요소인 몸을 가진 육적인 인간이 어떻게 영적인 인간으로 다시 태어나고 전적으로 변화될 수 있을까? 예수님은 물과 성령으로 거듭나야 한다고 말씀하셨다. 물과 성령으로 거듭나는 것은 인간의 자기 노력으로만이 아니라 깊은 회개와 함께, 하나님의 영인 진리의 성령이 그 마음에 임해 오심으로써, 즉 인간 영혼에 진리의 성령이 내주(indwelling)하여 주심으로써 가능하게 된다는 말씀이다.

성령은 하나님의 영, 곧 진리의 영이며, 또한 우리의 상식을 초월하는 신비한 능력이 있기 때문에 인간을 전적으로 변화시킬 수 있으며, 따라서 능히 육적인 인간성을 변화시켜 하나님이 기뻐하실 만한 영적인 사람으로 재창조할 수 있다. 그래서 예수님은 우리에게 보혜사, 곧 진리의 성령을 보내 주실 것을 약속해 주신 것이다. 따라서 그리스도인의 영적 성장에는 반드시 진리의 영인 성령의 도우심이 요구된다. 왜냐하면 성령의 내주와 도우심 없이는 참된 회개와 중생과 영적 성장을 기대할 수 없기 때문이다.

그러면 하나님의 영인 성령은 어떻게 우리를 육적인 사람에서 영적인 사람으로 변화시키는가? 도대체 우리 안에 거하시는 성령의 역할은 무엇인가? 성령은 진리의 영이기 때문에 우리 안에 있는 모든 거짓과 죄성을 죽게 하고 우리 안에 새 생명, 곧 영적 생명을 탄생시킨다. 육적인 사람이 영적인 사람으로 변화되고 새 창조를 입기 위해서는 옛 사람, 곧 육적인 사람이 죽지 않으면 안 된다.

성령께서는 바로 우리의 옛 사람이 죽고 새사람으로 태어나게 하는 일을 도우시는 것이다. 왜냐하면 인간이 자기 자신을 죽이는 일은 지극히 어려운 일을 넘어 거의 불가능한 일이기 때문이다. 옛 사람이 죽는다는 것은 무엇을 의미하는가? 바로 십자가를 지는 일을 말한다. 그래서 예수님은 "누구든지 나를 따라오려거든 자기를 부인하고 자기 십자가를 지고 나를 따를 것이니라."고 말씀하셨다. 사람이 자기를 부인하고 자기 십자가를 지는 것은 무엇을 의미하는가? 바로 옛 사람을 부인하는 것, 곧 십자가에 자신의 옛 자아를 죽이는 일이다. 왜냐하면 옛 사람, 곧 육적인 사람이 죽지 않고는 새 사람, 곧 영적인 사람으로 다시 태어날 수 없기 때문이다.

예수님이 십자가에서 고통과 죽임을 당하심으로 영원한 부활 생명으로 다시 사신 것같이 우리의 옛 사람, 곧 육적인 사람이 죽을 때 새사람, 즉 영적인 사람으로 다시 나게 되는 것이다. 이 원리가 바로 고대 교부들이 영성 훈련의 필수 방법으로 애용한 '자기부정' 또는 '자기포기'라는 뜻의 '아파테이아(apatheia)'였다. '아파테이아'란 바로 옛 자아, 교만한 자아를 포기하고 죽이는 방법을 말한다.

사도 바울은 옛 사람이 죽고 새사람으로 다시 태어나는 원리를 그리스도 안에서의 '새 창조(new creation)'의 원리로 설명하였다. "그런즉 누구든지 그리스도 안에 있으면 새로운 피조물이라. 이전 것은 지나갔으니 보라 새 것이 되었도다(고후 5:17)." 바울은 예수 그리스도의 십자가와 부활의 원리를 그리스도인의 중생의 원리, 즉 예수 그리스도의 십자가를 통하여 육적인 옛 사람이 죽고, 그의 부활 생명을 통하여 영적인 새사람으로 다시 태어나는 원리, 곧 새 창조의 원리로 본 것이다.

예수님은 자신을 부활 생명으로 묘사하신 바 있다. "나는 부활이요 생명이니 나를 믿는 자는 죽어도 살겠고 무릇 살아서 나를 믿는 자는 영원히 죽지 아니하리니(요 11:25-26)." 이렇게 보면 예수님(기독교)의 십자가와 부활은 바로 그리스도인의 영적 성장의 근본 원리, 곧 중생과 새 창조의 원리를 내포하는 것이다. 과정신학자 존 캅(John Cobb) 교수는 '로고스(Logos)', 곧 하나님의 말씀(지혜)의 화육자인 예수 그리스도를 '창조적 변화(creative transformation)'와 '새 창조의 원리'로 보고 다음과 같이 말했다.

> 창조적 변화는 성장의 본질이며, 그리고 성장은 삶(생명)의 본질이다. 성장이란 상이한 조합의 방법으로 주어진 세계의 요소들을 단순히 함께 첨가시킴으로써 성취되는 것이 아니다. 그것은 획기적인 새로움의 도입을 통한 이들 요소들의 변화를 요구한다. 그것은 그들을 파괴하거나 억압함 없이 그들의 본성과 의미를 변화시킨다. 새로움의 원천은 로고스이며, 그것의 화육이 바로 그리스도다. (과정신학, 류기종 역, 황소와 소나무, 2003, p.139)

여기서 우리는 기독교 영성의 핵심이 무엇인지를 알 수 있게 된다. 기독교 영성은 바로 육적인 옛 사람이 영적인 새사람으로 변화되는 과정에 관한 것이라고 말할 수 있다. 다시 말해 예수의 영성에 기초한 기독교 영성의 핵심은 육적인 우리의 옛 사람이 하나님의 로고스, 곧 새 창조의 원리와 영적 생명이신 그리스도와 성령의 능력으로 온전히 죽고 전적으로 변화되어 영적 실재이신 하나님과

(교)통할 수 있는 영적인 사람으로 새롭게 태어나는 것을 의미하는 것이다.

그렇기에 거기에는 인간의 진지한 영적 정진 위에 하나님의 은혜의 개입, 곧 성령의 도우심과 로고스의 화육자이신 예수 그리스도의 도우심이 요구되는 것이다. 그런 점에서 예수의 영성의 핵심 원리는 그리스도인의 영적 성장의 원리로서, 육적인 사람이 영적인 사람으로 변화되는 원리, 즉 하나님의 말씀과 지혜인 로고스(그리스도)를 통한 화육과 새 창조의 원리라고 말할 수 있다.

요컨대 기독교 신앙 또는 영성생활이란 바로 예수님의 영적 성장 원리인 이 화육의 진리를 실행에 옮기는 일인 것이다. 예수님의 제자들인 사도들을 비롯하여 속사도들, 그리고 그들의 제자인 2, 3세기의 그리스도인들은 예수님의 이 화육의 영성을 실천하는 일에 진력하였기에 그들의 영적 삶의 모범을 통하여 그리스도의 복음이 온 지중해 연안과 세상에 널리 전파될 수 있었던 것이다. 오늘날 우리가 선교와 전도를 많이 부르짖지만 그리스도인들의 신실한 영적 삶을 통해 기독교 영성(신앙)의 지고함을 보여 주지 않고는 진정한 선교는 불가능하다.

따라서 오늘날 우리는 무엇보다 먼저 우리(또한 우리 교회)의 영적 성장에 진력하지 않으면 안 된다. 만일 고대 교회와 초기 그리스도인들의 영적 정진이 없었더라면 기독교의 복음은 오늘날과 같이 널리 전해지지 못했을 것이다. 왜냐하면 한 종교의 위대함은 그 종교의 신조나 제도에서 평가되는 것이 아니라 궁극적으로는 그 종교의 영성의 지고함에 달려 있기 때문이다.

오늘날 그리스도인들과 교회가 여러 종교들이 공존하는 사회에서 예수 그리스도의 영성에 기초한 성숙한 영성, 즉 참된 영성의 모습을 이 세상 사람들에게 보여 주지 못한다면, 앞으로의 선교는 매우 어려울 뿐 아니라 어쩌면 불가능할 수도 있다. 선교나 전도는 말이나 구호만으로 되는 것이 결코 아니다. 그렇기 때문에 우리는 무엇보다 먼저 우리(교회)의 영적 성숙과 성장과 회복을 위해 각별한 노력과 정진을 해야 하는 것이다. 영적 성숙을 기하지 못한 성도나 교회는 영적 경주/경쟁에서 패퇴할 수밖에 없으며, 또한 사회로부터 외면당하거나 도태될 수밖에 없다. 사실 예수의 영성과 거리가 먼 그리스도인과 교회는 진정한 의미에서 그리스도인, 그리스도의 교회라고 말할 수 없는 것이다.

사도 바울은 모든 그리스도인을 영적 성장의 최종 목표점인 예수 그리스도의 장성한 분량, 곧 완전한 경지를 향해 달려가고 있는 영적 경주자들로 묘사하였다(빌 3:12-14). 그래서 그는 다음과 같이 말했다.

· 모든 무거운 것과 얽매이기 쉬운 죄를 벗어 버리고 인내로써 우리 앞에 당한 경주를 하며 믿음의 주요 또 온전하게 하시는 이인 예수를 바라보자 (히 12:1-2)
· 우리가 다 하나님의 아들을 믿는 것과 아는 일에 하나가 되어 온전한 사람을 이루어 그리스도의 장성한 분량이 충만한 데까지 이르리니 …… 오직 사랑 안에서 참된 것을 하여 범사에 그에게까지 자랄지라 그는 머리니 곧 그리스도라 (엡 4:13, 15)

그러므로 그리스도인들은 개개인의 영적 성장과 함께 교회의 영적 성장과 영성 회복을 위해 함께 기도하며 진력하지 않으면 안 된다. 그리하여 우리 영성의 참 모범이요 표준이며, 또한 영적 성장의 최종 목표인 예수 그리스도의 장성한 경지에 이르기 위해 하루도 한순간도 쉼 없이 정진에 정진을 계속해야 한다. 영적 정진에는 쉼이란 없는 것이다.

해방과 치유의 영성
Spirituality of Liberation and Healing

"수고하고 무거운 짐 진 자들아, 다 내게로 오라. 내가 너희를 쉬게 하리라 (마 11:28)," 고 선언하신 예수님은 사마리아 수가 성의 여인에게는 "내가 주는 물을 마시는 자는 영원히 목마르지 아니하리니 내가 주는 물은 그 속에서 영생하도록 솟아나는 샘물이 되리라(요 4:14)," 고 말씀하셨다. 전 인류의 온갖 종류의 속박과 질고와 고통의 굴레로부터의 온전한 '놓임' 과 해방, 이것이 예수 그리스도의 해방 영성의 특징이다.

5장

해방과 치유의 영성

Spirituality of Liberation and Healing

해방의 영성

예수의 영성의 네 번째 원리는 해방과 치유의 영성이다. 제3 복음서 저자인 누가는 예수 그리스도의 선교 사명을 선지자 이사야의 글을 인용하여 다음과 같이 기록하였다. "주의 성령이 내게 임하셨으니 이는 가난한 자에게 복음을 전하게 하시려고 내게 기름을 부으시고 나를 보내사 포로 된 자에게 자유를, 눈먼 자에게 다시 보게 함을 전파하며 눌린 자를 자유롭게 하고 주의 은혜의 해를 전파하게 하려 하심이라(눅 4:18-19)." 즉 누가는 예수 그리스도의 복음 사역의 궁극적 목적이 가난한 자들에게 구원의 기쁜 소식이 전해지고 포로 된 자들, 즉 자유를 빼앗긴 자들과 모든 종류의 억눌린 자들에게 참 자유와 해방을 가져오게 하는 일이라고 설명하였다.

복음서 기자들은 예수 그리스도가 이 세상 그 누구보다 사회정의(social justice)에 민감하셨음을 증언하였다. 그는 부의 편중, 권력

남용, 노비나 가난한 자들의 노동력 착취, 부녀자나 노약자 어린이 장애인들의 인권 유린, 그리고 온갖 종류의 사회악에 깊은 관심을 나타내 보이셨다. 뿐만 아니라 예수님은 특별히 종교적 부패와 부조리에는 더 큰 관심과 예민한 반응을 보이셨다. 왜냐하면 종교의 부패와 부조리는 모든 사회악의 근원이 되기 때문이다.

사실 종교의 부패와 사회악의 관계는 매우 밀접하며, 그런 면에서 그 둘은 뗄 수 없는 상관관계에 있다고 말할 수 있다. 어느 시대 어느 사회를 막론하고 사회가 병들고 부패하는 것은 그 당시 종교의 부패와 타락에 기인하였음을 우리는 역사를 통하여 많이 보아 왔다. 종교와 사회가 함께 부패하면 그 결과는 어떠한가? 사람들의 삶에 여러 종류의 부자유와 고통과 불행이 찾아오게 된다. 그런 점에서 오늘의 한국사회의 부패상은 교회(종교)의 부패와 타락상을 반영하고 있다는 사실을 분명히 인식해야 한다.

예수님은 당시 사회의 온갖 부조리와 종교의 타락, 그리고 그로 인한 인간의 고통과 불행을 잘 알고 계셨으며, 무엇보다도 인간의 실상(實相)을 깊이 꿰뚫어 보셨다. 인간의 가장 근본적인 문제점, 즉 모든 인간이 말로 표현할 수 없는 깊은 내면적 불안과 고독과 고통, 그리고 영적 기갈 속에 살아갈 뿐 아니라 무거운 멍에에 짓눌려 있음을 간파하신 것이다. 그리하여 그들의 모든 멍에와 고통의 굴레를 벗겨 주고, 참 자유와 놓임(해방)의 기쁨을 맛보게 하려 하신 것이다.

"수고하고 무거운 짐 진 자들아, 다 내게로 오라. 내가 너희를 쉬게 하리라(마 11:28)."고 선언하신 예수님은 사마리아 수가 성의 여인에게는 "내가 주는 물을 마시는 자는 영원히 목마르지 아니하리니 내가 주는 물은 그 속에서 영생하도록 솟아나는 샘물이 되리라(요 4:14)."고 말씀하셨다. 모든 사람, 즉 전 인류의 온갖 종류의 속박과 질고와 고통의 굴레로부터의 온전한 '놓임(release)'과 해방, 이것이 바로 예수 그리스도가 의도하고 실행하신 선교의 내용이며 목표였다. 물론 여기서 의미하는 해방과 놓임은 단지 종교적-영적 의미의 해방과 자유만을 의미하는 것은 아니다.

모든 영역과 측면(all aspects)을 포함하는, 즉 정치적 경제적 종교적 윤리-도덕적 측면까지를 모두 포함하는 전 포괄적(all inclusive)인 해방인 것이다. 이것이 예수 그리스도의 해방 영성의 특징이다. 그렇기 때문에 예수님은 당시의 사회 기득권자들에게 위험한 존재로 인식되어 주시의 대상이 되었으며, 그로 인해 박해와 배척을 당하고 십자가에 처형당하기까지 하였다. 이러한 예수의 영성의 '해방적 요소(liberational feature)' 때문에 1970년대에 남미에서는 해방신학(Liberation Theology)이 등장하였으며, 우리나라에서는 소위 민중신학이 대두되기도 하였다.

바로 이러한 자유와 해방의 영성, 즉 종교까지를 포함한 사회의 모든 부조리와 병폐, 불의와 부정과 부패를 낱낱이 파헤치고 지적하며, 그것의 개선과 갱신을 위해 자신의 생명까지도 내던지는 일이 이스라엘 선지자(예언자)들의 사명과 숙명이었으며, 또한 그것이 예수 그리스도의 선교의 가장 중요한 사명이었다. 그리고 이것은 바로 오늘 우리 사회의 모든 종교 지도자들과 목회자들, 또한 모든 그리스도인의 감당해야 할 사명이며 과제이기도 한 것이다.

예수님 당시의 유대교는 문자주의적 율법주의(legalism)로 전락하여 종교적 생명력을 상실하였고, 그로 인해 인간에게 자유와 평화를 주는 대신에 오히려 인간을 속박하고 부자유하게 억누르는 역기능을 하고 있었다. 그런데 그것은 어제나 오늘이나 마찬가지다. 종교가 종교로서의 제 기능을 다하지 못하면 그 종교는 생명력을 상실하게 되며, 그 결과 무속종교나 기복종교, 혹은 오락종교로 전락하거나 아니면 교권주의화하여 부패함으로 사람들을 참 자유와 평화의 길로 인도하지 못하고 오히려 인간을 억압하거나 부자유하게 하는 종교로 추락하게 되는 것이다.

그런데 예수님은 인간의 참 자유와 해방이 먼저 내적 자유에서 온다는 사실을 알고 계셨다. 그래서 "너희가 내 말에 거하면 참으로 내 제자가 되고 진리를 알지니 진리가 너희를 자유롭게 하리라 (요 8:31-32)."고 말씀하셨다. 여기서 예수님은 '진리로 말미암은 자유(freedom by truth)' 라는 지고한 진리를 가르쳐 주신 것이다. 이로써 우리는 예수의 해방의 영성과 자유함의 원리는 바로 '진리를 통한 자유' 라는 사실을 알게 된다.

이것은 우리의 경험을 통해서도 어느 정도 알 수 있는 원리다. 우리 마음에 거짓이나 불의한 생각, 탐욕의 요소가 조금만 깃들어도 즉시 불안하고 초조해지며, 마음의 평정을 잃고 흔들리는 것을 경험하게 된다. 또한 반대로 마음이 탐욕에서 벗어나 어린아이처럼 단순해지며, 맑은 하늘처럼 깨끗하고 순수해질 때, 마음에 알 수 없는 평온이 찾아오는 경험이 누구에게나 있을 것이다.

예수님은 우리가 진리를 알게 될 때, 즉 우리 마음에 진리가 들어올 때, 참으로 자유인이 된다고 말씀해 주셨다. 그러면 우리를 참으로 자유롭게 하는 '진리' 는 무엇인가? 또한 우리는 그 진리를 어떻게 알 수 있으며, 소유할 수 있는가? 이것은 바로 예수님을 법정에서 심문하던 빌라도 총독의 질문이었다. 그는 "도대체 당신이 말하는 진리가 무엇인가?"라고 소리쳤다. 왜냐하면 바로 직전에 예수님이 자신이 이 세상에 온 목적이 오직 진리에 대해 증거하기 위함이라고 말씀하셨기 때문이다.(요 18:37, 38)

그러면 예수 그리스도가 증거하려 한 이 진리는 무엇이며, 누구를 지칭하는가? 이는 바로 우주 만물을 창조하시고 사랑으로 돌보아 주시는 창조주 하나님을 지칭하는 말이다. 왜냐하면 예수님의 선교의 지상과제는 진리와 사랑이신 하나님을 만인에게 알리고, 또한 만인을 하나님께로 인도하여 하나님 안에서 참 자유와 평화를 얻게 하는 것이었기 때문이다.

즉 예수님이 말씀하신 "진리가 너희를 자유롭게 하리라."에서의 '진리'는 그리스어로 '알레데이아(aletheia)'인데, 이는 '감추인 것이 그 신비한 모습을 드러내다.'라는 뜻이 있다. 그러므로 예수님이 말씀하시는 이 진리는 바로 비가시적인 실재를 밖으로 드러내 보이시는 계시의 하나님, 곧 하나님 자신을 지칭하는 것이다. 왜냐하면 하나님은 만유의 창조주로서 피조물인 우리와 같은 유한자가 아니라 완전자이며 절대자이시기 때문에, 하나님만이 참 진리요 동시에 완전한 자유자이시기 때문이다.

따라서 인간은 절대 완전자이시며 자유자이신 하나님과 연합하고 그분 안에 있을 때에만 참으로 자유로울 수 있는 것이다. 이 점은 어거스틴의 영적 고백서인 「참회록」에서도 읽을 수 있다. 그는 여기서 하나님 외에 모든 것은 상대적 존재이므로 인간을 진정으로 자유롭게 할 수 없으며, 오직 절대 완전자이신 하나님만이 참으로 자유롭게 할 수 있다는 점을 자신의 영적 방황과 순례의 경험을 통해 잘 말해 주었다.

　그런데 예수님의 말씀에 따르면 하나님은 '진리'이실 뿐 아니라 '사랑' 그 자체이시다. 따라서 예수님이 말씀하신 '진리'는 하나님을 지칭함과 동시에 '하나님은 사랑(요 3:16; 요일 4:7-8, 15)'이라는 진리, 즉 자신의 모든 것을 내어 주시는 사랑의 하나님, 곧 하나님의 '아가페' 사랑을 지칭하기도 하는 것이다. 우리는 여기서 매우 중요한 진리를 깨닫게 되는데, 그것은 바로 진리가 곧 사랑이요, 사랑이 곧 진리이며, 진리와 사랑은 둘이면서 하나요, 또한 하나이면서 둘(二卽一, 一卽二)이라는 오묘한 이치다.

　이 신비한 원리는 조선조 성리학의 대가 이율곡의 음과 양, 즉 리(理)와 기(氣)의 둘이면서 하나인 묘합(妙合)의 원리에 비유될 수도 있다. 왜냐하면 하나님은 진리이자 동시에 사랑이시며, 하나님 안에서 진리와 사랑은 따로 분리되어 있는 것이 아니라 완전한 조화를 이루고 있기 때문이다. 그러므로 하나님을 믿음 안에서 영적으로 만날 때, 우리는 진리의 하나님과 사랑의 하나님을 동시에 만나게 되는 것이다.

　요컨대 예수님이 말씀하신 '진리'는 곧 하나님의 '사랑'과 동일한 의미라는 것이다. 따라서 "진리가 너희를 자유롭게 하리라."는 예수님의 말씀은 하나님의 사랑, 곧 하나님의 아가페 사랑에 의해 우리가 자유롭게 된다는 의미다. 그래서 사도 요한은 "사랑 안에 두려움이 없고 온전한 사랑이 두려움을 내쫓나니."라고 말하였다.(요일 4:18)

그러므로 예수님의 이 말씀은 곧 우리가 진리(사랑)이신 하나님 안에 거할 때, 즉 진리(사랑)의 하나님이 내 안에 계실 때, 다시 말해 하나님의 진리와 사랑이 내 안에 충만할 때, 우리가 참으로 자유로워진다는 의미가 되는 것이다. 따라서 그리스도인의 자유, 즉 그리스도를 통해 하나님께로부터 주어지는 자유는 '진리와 사랑에 의한 자유'라는 사실을 알게 된다.

여기서 우리는 예수님이 말씀하시는 해방과 자유, 곧 진리와 사랑의 하나님에 의해 주어지는 자유와 해방은 우리가 흔히 말하는 사회?정치적 의미의 해방의 개념을 훨씬 뛰어넘는 보다 심층적 차원의 개념임을 알 수 있다. 즉 본성 깊은 곳에 내재한 죄성 때문에 심히 불안정하고 불안한 존재인 인간이 생명(존재)의 근원이신 하나님을 올바로 알고 그분과 깊은 관계 속에 있게 될 때, 하나님의 진리와 사랑에 의하여 인간 안의 모든 죄성과 악한 성질이 사유를 받음과 동시에 재창조되어 전적으로 새로워지고, 그 결과 육적인 사람에서 영적인 사람으로 변화되고 거듭나 참 자유를 얻게 된다는 사실을 말씀하신 것이다. 이 점은 예수님의 십자가의 대속적 진리에 담겨 있는 신비한 내용이기도 하다.

종교개혁자 마틴 루터는 "믿음이란 곧 믿는 자를 사랑하고 소유하는 일"이라고 말한 바 있다. 이렇게 볼 때 하나님을 믿는 일은 진리이신 하나님을 사랑함과 동시에 진리와 사랑이신 하나님을 내 안에 거하시게 하는 일, 즉 하나님의 진리와 사랑을 내 속에 소유하는 일이다. 내 속에 하나님의 진리와 사랑이 있으면 어떠한 결과가 일어나는가? 바로 내 안에 있는 그 진리와 사랑이 나를 진리와 사랑의 사람이 되게 하며, 동시에 나를 자유롭게 하는 것이다.

왜냐하면 진리와 사랑은 내 안에 있는 모든 거짓(죄성)과 위선, 시기와 질투, 온갖 종류의 불안과 두려움을 제거하고 소멸시키는 (또는 사유하는) 힘이 있기 때문이다. 이 원리가 바로 예수님이 말씀하신 "너희가 내 말에 거하면 참으로 내 제자가 되고 진리를 알지니 진리가 너희를 자유롭게 하리라."는 말씀의 의미인 것이다. 따라서 우리가 하나님 안에서, 예수 그리스도에 의해, 그리고 성령의 내주에 의해 참 자유인이 되는 일은 바로 우리가 예수님을 닮은 진리와 사랑의 사람이 되는 것을 의미하는 것이다.

그러면 하나님의 진리와 사랑을 통해, 다시 말해 하나님과의 깊은 관계에서 우리에게 주어지는 자유는 어떠한 종류의 자유일까? 필자는 그것을 모든 자유의 근거가 되는 자유, 즉 '근원적 자유' 혹은 '원초적 자유(primordial freedom)' 라고 명명하고 싶다. 여기서 말하는 '원초적 자유' 란 모든 형태의 자유를 참으로 자유 되게 하는 힘을 지닌 본질적인 자유를 의미한다.

우리는 어떻게 진리이신 하나님을 만나고, 그분과 바른 관계를 맺으며, 그 진리를 소유할 수 있는가? 하나님의 영인 성령과 아들인 예수 그리스도를 통해 가능하다. 예수님은 성령을 진리의 영이라고 말씀하셨다(요 14:17; 16:13). 왜냐하면 성령은 진리이신 하나님의 영이기 때문이다. 따라서 우리가 진리의 영인 성령으로 충만할 때, 하나님이 주시는 참 자유를 향유할 수 있으며, 또한 참 자유인이 될 수 있는 것이다.

그러면 어떤 상태가 성령으로 충만한 상태인가? 바로 진리와 사랑으로 충만한 때다. 왜냐하면 성령은 하나님의 영이며 또한 아들의 영으로서, 하나님과 아들은 진리와 사랑의 주체자(subject)요 담지자(bearer)며 또한 구현자(provider)이기 때문이다. 요컨대 성령 충만한 사람이란 예수님의 모습을 닮은 사람, 예수님의 마음과 같은 마음을 지닌 사람, 즉 예수님과 같은 겸허의 사람, 사랑의 사람, 진리의 사람, 곧 참 자유의 사람을 의미하는 것이다.

예수 그리스도는 어떤 분이며, 그가 어떻게 우리에게 참 자유를 줄 수 있는가? 그것은 예수 그리스도가 하나님의 아들이며, 하나님과 동일한 본질, 곧 진리와 사랑이시기 때문이다. 예수님이 자신을 하나님의 아들이라 칭한 것과 "나와 하나님은 일체"라고 말한 것은 자신이 진리와 사랑이신 하나님과 같이 진리와 사랑의 충만자임을 의미하는 것이다. 그래서 예수님은 "내가 곧 길이요 진리요 생명이니 나로 말미암지 않고는 아버지께로 올 자가 없느니라(요 14:6)." "그러므로 아들이 너희를 자유롭게 하면 너희가 참으로 자유로우리라(요 8:36)."고 말씀하신 것이다.

예수님은 여기서 자신이 모든 속박을 풀어 주고 진정으로 자유롭게 할 수 있는 참 자유의 수여자임을 말씀하셨다. 어떻게 그것이 가능한가? 그가 하나님과 동일한 진리와 사랑의 사람이시기 때문이다. 예수님이 이 세상에서 보여 준 삶은 바로 진리와 사랑의 삶 그 자체였다. 그런 점에서 예수 그리스도는 진리와 사랑의 하나님의 '대행자(representative)'라고 할 수 있으며, 그렇기 때문에 그는 우리의 온갖 매임과 속박을 풀어 주고 참 자유를 줄 수 있는 진정한 '해방자(liberator)'가 될 수 있는 것이다.

그러면 예수 그리스도가 우리를 자유롭게 하는 해방의 방법은 무엇인가? 그것은 그가 진리이신 하나님의 아들로서, 그 자신이 하나님의 진리와 사랑의 충만자이며 동시에 참 자유자라는 사실을 알때 분명히 깨달을 수 있다. 왜냐하면 진리(사랑)만이, 진리(사랑)의 사람만이 진정한 자유를 소유할 수 있으며, 또한 진정한 자유의 소유자만이 타인에게 참 자유를 줄 수 있기 때문이다. 그런 의미에서 예수 그리스도가 우리의 참 해방자가 되고 우리를 자유롭게 하는일은 곧 자신 안에 있는 자유를 우리에게 나누어 주는 일도 되는 것이다.

이 점이 바로 예수의 영성의 지고함이며, 또한 우리의 영성의 모범이며 근거가 되는 점이다. 따라서 그리스도인들은 진리(사랑)의 사람인 예수 그리스도를 본받아 모든 거짓과 위선과 불의한 것을 떨쳐 버리고 이 땅에서 진리(사랑)의 사람이 되어 진리(사랑)의 삶을 살며, 또한 그를 통해 얻은 참 자유를 마음껏 누릴 뿐 아니라 다른 사람들에게 나누어 줄 수 있어야 하는 것이다. 그것이 바로 오늘의 사회에서의 선교이며, 또한 오늘의 교회와 그리스도인들의 사명이다.

그러므로 영적인 사람, 곧 영성인(a spiritual person)이 되는 일은 예수님과 같이 진리(사랑)의 사람, 참 자유의 사람이 되는 것을 의미한다. 따라서 참으로 영적인 사람이 될 때, 비로소 참 자유를 소유할 수 있으며, 이 세상에서 어떠한 구속과 억압도 받지 않는 진정한(온전한) 자유인이 될 수 있는 것이다.

요컨대 "진리가 너희를 자유롭게 하리라."는 예수님의 말씀은 곧 진리(사랑)의 사람만이 진정한 자유를 소유할 수 있다는 말씀이며, 진리로 말미암은 자유가 참 자유이고, 그것이 모든 자유의 원천임을 의미하는 것이다. 그런 의미에서 기독교 신앙과 영성의 목표는 이 땅에서 예수님처럼 모든 속박에서 해방된 '참 자유인'이 되는 일이라고도 말할 수 있다. 따라서 예수의 영성은 곧 진리와 사랑에 의한 해방과 자유의 영성(spirituality of liberation and freedom)이라고 할 수 있을 것이다.

치유의 영성

한편 예수님은 우리에게 참 자유를 주시는 해방자이실 뿐 아니라 우리의 모든 약한 것과 질병을 근원적으로 치료해 주시는 치유자이시기도 하다. 복음서에 나타난 예수님의 공생애를 다음과 같이 나누어 볼 수 있다.

(1) 말씀을 가르치는 일
(2) 병자들과 고통당하는 자들을 치유하는 일
(3) 하나님과의 영적 교통과 영적 충전을 위해 기도하는 일

그런데 복음서를 좀 더 자세히 살펴보면, 예수님이 공생애의 아주 많은 시간을 각종 병자들을 고쳐 주는 일에 할애하셨음을 알 수 있다. 그래서 예수님의 선교의 주된 목적이 복음을 전하는 일인지 아니면 병자들을 치유해 주는 일인지 혼동을 일으킬 정도다. 이런 이유 때문에 고대 교부들은 예수님을 이 세상의 모든 병자들을 치유하시는 참 의원(true physician), 즉 육적인 질병뿐 아니라 영적인 질병까지도 치유해 주시는 '만 의원의 의원(the physician of all physicians)'으로 부르기까지 하였다.

사실 예수님의 주변은 항상 병자들로 채워져 있었다. 그리고 그들의 병명은 일일이 열거하기도 어려울 정도로 다양하다. 당시의 불치병인 나병(癩病) 환자들을 비롯하여 중풍, 혈루증, 열병, 간질병, 고창병(수종병)에 걸린 사람들, 시각 청각 언어 장애인들, 지체부자유자, 여러 종류의 귀신 들린 자들을 치유해 주시고, 심지어 죽은 사람을 살리시기까지 하였다. 공관복음서 기자들은 예수님의 치유 사역의 내용을 공통적으로 요약해 다음과 같이 기술하였다.

> 저물매 사람들이 귀신 들린 자를 많이 데리고 예수께 오거늘 예수께서 말씀으로 귀신들을 쫓아내시고 병든 자들을 다 고치시니 이는 선지자 이사야를 통하여 하신 말씀에 우리의 연약한 것을 친히 담당하시고 병을 짊어지셨도다 함을 이루려 하심이더라 (마 8:16-17; 막 1:32-34; 눅 4:40-41)

이 기사는 예수님이 산상수훈을 마치시고 가버나움 동네로 들어가시어 시몬 베드로의 장모의 열병을 고쳐 주신 후 저녁에 그 집 앞에 몰려온 수많은 병자들이 예수님에게 고침을 받는 장면을 묘사하였다. 마가는 "예수께서 각종 병이 든 많은 사람을 고치시며 많은 귀신을 내쫓으시되 귀신이 자기를 알므로 그 말하는 것을 허락하지 아니하시니라."고 기록하였다.

즉 예수님은 수많은 병자들, 특별히 여러 종류의 귀신 들린 자들을 치유해 주셨음을 알 수 있다. '귀신 들린 자들'을 현대적인 용어로 표현한다면 정신병 환자들, 즉 정신 이상자나 정신 분열 환자들을 의미한다. 이들은 어떤 의미에서 영적인 병자들이라고 할 수 있다. 이렇게 예수님은 인간의 육적인 병과 영적인 병을 모두 고쳐 주셨다. 또한 복음서를 보면 예수님은 때때로 말씀을 증거하시는 일과 병자들을 치유하시는 일을 동시에 또는 전후해서 행하셨다. 그런 면에서 예수님의 치유 사역은 그의 말씀(복음 증거) 사역과 밀접하게 연결되어 있음을 짐작할 수 있다.

그러면 예수님의 치유 사역의 참 의미는 무엇인가? 왜 예수님은 그토록 중요한 말씀 사역의 시간을 할애하여 힘들고 고단한 치병 사역, 곧 치유 사역을 행하셨는가? 그것은 사람들에 대한 예수님의 깊은 동정심(compassion)과 연민의 마음, 즉 그들의 고통을 자신의 고통으로 보시는 하나님의 사랑(자비심)의 발로에서 비롯한 것이다. 예수님은 사람들의 고통과 아픔을 곧 자신의 고통과 아픔으로 여기셨다.

> 예수께서 모든 도시와 마을에 두루 다니사 그들의 회당에서 가르치시며 천국 복음을 전파하시며 모든 병과 모든 약한 것을 고치시니라 무리를 보시고 불쌍히 여기시니 이는 그들이 목자 없는 양과 같이 고생하며 기진함이라 (마 9:35-36)

여기 "무리를 보시고 불쌍히 여기시니"와 "그들이 목자 없는 양과 같이 고생하며 기진함이라."는 표현은 각종 질병으로 인한 사람들의 고통과 질고를 바로 자기 자신의 고통으로 여기는 예수님의 깊은 동정심, 즉 사랑의 마음을 드러내는 것이다. 실례로 한 장님의 처지를 생각해 보자. 그는 앞을 보지 못하기에 하나님의 창조의 복을 향유하기는커녕 정상적인 인간의 삶을 살 수조차 없었다. 하나님의 창조세계의 아름다움을 볼 수 없을 뿐 아니라 사랑하는 가족의 모습도 보지 못하는 불행을 그저 받아들여야만 했다. 길을 마음대로 갈 수도 없고, 마음대로 걸을 수도 없으며, 사람들(공동체)로부터 완전히 소외된 채 다른 사람에게 전적으로 의지하여 살 수밖에 없었다. 예수님은 그러한 불행한 처지에 있는 사람들 하나하나에게 깊은 동정심을 가지셨으며, 그들의 고통을 덜어 주기 위해 치유의 사역을 행하신 것이다.

우리는 여기서 잠깐 오늘날에는 도저히 상상도 할 수 없을 만큼 열악한 의료 무방비시대에 살았던 당시의 사람들, 특히 병이 들었어도 경제적 여건 때문에 치료받을 길이 전혀 없었던 가난한 사람들의 처지는 어떠하였을지 생각해 볼 필요가 있다. 바로 그러한 때 예수님이 치유 사역을 펼치셨으니 그 소식은 입에서 입으로 일파만파 퍼지고, 사람들은 떼를 지어 몰려왔을 것이다. 예수님은 그들을 외면하거나 그냥 돌려보내지 않으시고, 일일이 돌봐 주시며 치료하여 주셨다. 병자들을 고쳐 주는 일은 안식일에도 계속되었다. 그 때문에 바리새파 사람들은 신성한 안식일을 범한다고 강하게 비난까지 하였으나 예수님은 전혀 개의치 않으셨다.

한편 예수님의 치유 사역의 이면에는 우리가 주목해야 할 또 하나의 중요한 요소가 있다. 예수님이 병자들을 치유하실 때 "너의 믿음이 너를 낫게 했다." 또는 "네 죄가 사함을 받았다."는 등의 말씀을 해 주셨다는 점이다. 그것은 육체의 병 이면에 있는, 그 병의 근원적 원인이 되는 정신적 병, 곧 영적인 병을 함께 치유해 주셨다는 의미를 내포하는 것이다. 그런 면에서 예수님이 여러 종류의 육체적 질병, 곧 나병을 비롯하여 시각 청각 지체 장애, 중풍 등을 치유해 주셨다는 것은 다른 한편으로는 영적인 의미의 이런 상태의 사람들을 온전한 사람으로 치유해 주셨다는 의미가 함께 담겨 있는 것이다. 즉 예수님은 추악한 탐욕과 죄성으로 악취를 풍기는 문둥병자처럼 영적으로 죽어 가는 자, 그리고 초월적 진리에 대해 무지하고 무감각한 영적인 소경, 귀머거리, 절름발이, 앉은뱅이 같은 사람들을 온전한 사람으로 치유해 주셨다는 의미가 있는 것이다.

어느 날 제자 중 하나가 먼저 가서 자기 부친의 장사를 치르고 난 후에 주님을 따를 수 있게 허락해 달라고 요구했을 때, 예수님은 "죽은 자들이 그들의 죽은 자들을 장사하게 하고 너는 나를 따르라 (마 8:21-22)."고 말씀하셨다. 여기서 예수님이 말씀하신 '죽은 자들'은 영적으로 죽은 자들을 의미함을 알 수 있다. 즉 예수님은 사람들을 보실 때 그들의 육적인 상태만이 아니라 영적인 상태까지 함께 보시고 그들을 근원적으로, 즉 육체적 질병뿐 아니라 영적 질병까지 함께 치료해 주신 것이다.

그런 점에서 예수님의 치유는 인간의 육체뿐 아니라 영도 온전케 하는 '전인 치유(healing of the whole person)'라고 할 수 있다. 그 점이 바로 예수님의 치유 사역의 특징이다. 그래서 고대 교부들이 예수님을 인간의 육적인 병과 영적인 병을 함께 치유해 주시는 '참 의원', 곧 '만 의원의 의원'이라고 칭한 것이다.

한편 예수님은 인간 개개인의 질병을 치유해 주실 뿐만 아니라 당시의 사회적 질병(부패)과 종교적 질병(부패)까지 치유하려 하셨다. 그는 당시의 사회적 불의(social injustice)와 죄악상을 결코 방관치 않으셨다. 모든 사회적 부정과 부패, 특히 그 사회의 타락과 부패의 근원적 원인이 되는 종교의 타락과 부패에 깊은 관심을 갖으시고 그 근원적 병을 치유하려 하신 것이다. 그러면 예수님은 어떠한 방법으로 그것들을 치유하려 하셨는가? 예수님의 치유 방법은 바로 모든 사회적-종교적 질병의 근본 원인을 치유하는 것이었다.

즉 예수님은 당시의 모든 사회적-종교적 타락과 부패의 원인에 대한 바른 인식과 자각, 그리고 새로운 질서를 향한 열망과 의식의 고취와 함께, 개혁과 혁신의 동인(출발)으로서의 '회개(metanoia)' 운동을 통해 치유하려 하셨다. 그래서 당시의 사회적-종교적 지도층인 바리새파 사람들과 서기관들을 향하여 강렬한 비판과 함께 진지한 회개를 촉구하신 것이다.

> 화 있을진저 외식하는 서기관들과 바리새인들이여 너희는 천국 문을 사람들 앞에서 닫고 너희도 들어가지 않고 들어가려 하는 자도 들어가지 못하게 하는도다
> 화 있을진저 외식하는 서기관들과 바리새인들이여 너희는 교인 한 사람을 얻기 위하여 바다와 육지를 두루 다니다가 생기면 너희보다 배나 더 지옥 자식이 되게 하는도다
> 화 있을진저 눈먼 인도자여 너희가 말하되 누구든지 성전으로 맹세하면 아무 일 없거니와 성전의 금으로 맹세하면 지킬지라 하는도다 ……
> 화 있을진저 외식하는 서기관들과 바리새인들이여 회칠한 무덤 같으니 겉으로는 아름답게 보이나 그 안에는 죽은 사람의 뼈와 모든 더러운 것이 가득하도다 (마 23:13-27)

예수님은 당시의 사회적-종교적 타락과 부패에 대해 결코 방관

자가 아니었다. 오히려 더없이 예리한 감각으로 접근하고, 강렬하게 비판하며, 원천적 치유의 길을 모색하였다. 특히 당시의 종교 지도자들에 대해서는 가차 없고 준엄한 비판과 함께 경종을 울리며 회개를 촉구하였다. 왜냐하면 사회의 모든 부정과 부패와 불의는 바로 그 시대의 (종교)지도자들에게서 비롯되기 때문이다. 그런 점에서 예수님의 치유의 영성은 다만 인간의 심령 문제에만 국한되지 않고 종교를 비롯한 정치 경제 사회 전역, 즉 인간의 삶 전 영역에 관계된 것이라고 말할 수 있을 것이다.

바로 이러한 면 때문에 예수님은 당시 사회의 기득권 지도층에게 반발과 적대감과 박해의 표적이 되었으며, 결국 십자가의 죽음까지 당하셔야 했다. 특히 예수님은 당시의 종교 지도자들에게 철저하게 외면당했으며, 그리하여 많은 상처를 받았다. 뿐만 아니라 자신의 형제들과 친척과 동향인들, 심지어는 제자들과 추종자들까지도 그를 오해하고 이해하지 못하였으며, 그 때문에 깊은 마음의 상처를 받아야 했다. 그런 면에서 예수님은 가슴에 많은 상처를 간직한 '상처 입은 치유자(a wounded healer)'라고 할 수 있다.

어떤 의미에서 예수님은 자신이 그 누구보다 많은 상처를 받았기에, 상처로 인한 아픔을 알기에 다른 사람들의 상처를 더욱 깊이 이해하고 치유할 수 있었다고도 볼 수 있다. 그래서 히브리서 저자는 "우리에게 있는 대제사장은 우리의 연약함을 동정하지 못하실 이가 아니요 모든 일에 우리와 똑같이 시험을 받으신 이로되……(히 4:15)."라고 말하였다.

그러면 예수님의 치유 사역의 가장 근원적이고 직접적인 동기는 무엇인가? 그것은 한마디로 예수님의 가슴속에 불타고 있는 고통당하는 사람들에 대한 깊은 연민과 사랑의 발로라고 요약할 수 있다. 예수님은 사람들이 당하는 고통을 바로 자신의 고통으로 통감하고, 온갖 종류의 고통과 질고에서 그들을 풀어 주고 해방시키려 한 것이다. 그는 그것이 바로 만유와 만백성의 아버지이신 하나님이 원하시는 뜻이라고 확신하였다. 그런 면에서 예수님의 치유 사역은 모든 인간을 그들의 온갖 속박과 눌림, 그리고 온갖 종류의 고통과 질병의 굴레에서 해방시키고 구원하시려는 하나님의 뜻을 실현하려는 그의 선교 사역의 동기에서 나온 것이라고 말할 수 있겠다.

　　오늘날 그리스도인들과 교회에 주어진 가장 중요한 선교 과제와 사명은 무엇인가? 그것은 바로 예수님이 당시에 행하신 선교 사역, 즉 그의 해방 사역과 치유 사역을 혼탁한 우리 사회에서 행하는 일이다. 오늘의 우리 사회에 편재한 개인 및 집단 이기주의, 또한 곳곳에 스며들어 있는 온갖 종류의 불의(injustice)와 거짓/부정직(dishonesty)과 부패(corruption)와 사회악, 또는 질병들(disease)로부터의 해방과 온전한 치유, 특히 가난하고 소외된 사람들의 마음에 깊이 새겨진 상처와 고통의 치유, 이것이 바로 오늘의 교회와 그리스도인들이 감당해야 할 가장 중요한 선교 과제요, 사명인 것이다.

　　이 사회와 이 세상에 교회와 그리스도인이 존재하는 이유는 무엇인가? 그것은 바로 이 사명, 즉 개인과 가정과 사회의 모든 종류의 질병(또는 악)들과 그들의 상처를 근원적으로 치유하고 온전케 하여 하나님이 기뻐하시는 아름답고 건강한 사회를 만드는 일을 감당하기 위함이다.

　그리스도인들도 이 땅에 살면서 가정에서나 직장 또는 공동체에서 매일 많든 적든 알게 모르게 상처를 받는다. 다른 한편으로 우리는 과거의 많은 허물과 오류들, 즉 영육간의 많은 질병들과 상처들을 주님에게 치유 받은 사람들이며, 또한 주변의 상처받은 사람들을 돌보며 그들의 상처를 치유해 주어야 할 사람들이다. 그런 점에서 그리스도인들은 상처받고 또한 치유 받은 자들로서 다른 상처받은 이들을 치유해 주어야 할 '상처받은 치유자' 혹은 '치유 받은 치유자(being healed healer)'라고 말할 수 있다.

섬김의 영성

Spirituality of Love and Stewardship

그리스도인의 삶은 언제나 어디서나 섬김의 삶이어야 한다. 이것은 목회자나 평신도나 예외가 없다. 예수님의 삶은 한결같이 종처럼 남을 섬기는 삶이었다. 이것이 바로 하나님의 아들, 온 인류의 구세주, 이 세상의 모든 현자와 스승 중의 참 스승, 그리고 교회의 참 터전이며 머리이신 예수 그리스도의 삶이었다. 그리고 이것은 바로 예수의 영성과 기독교 영성의 가장 독특한 특징이며, 또한 자랑인 것이다.

6장

섬김의 영성

Spirituality of Love and Stewardship

예수님은 어떠한 삶을 사셨으며, 그의 삶의 가장 뚜렷한 모습은 무엇일까? 예수님의 삶을 한마디로 표현하면 천국 복음, 곧 구원의 기쁜 소식을 사람들에게 전해 주는 일과 함께 어려운 처지에 있는 사람들을 돌보는 '섬김의 삶(a life of serving people)'이라고 할 수 있다. 소외되고 어려운 환경에 처한 사람들을 찾아가 그들을 위로하고 도우며 그들에게 희망을 심어 주는 일이 바로 예수님의 삶의 참 모습이었다. 그리고 그것은 바로 그의 영성의 실천적 측면(특징)을 나타내 준다. 예수님의 공생애에서 가장 많은 부분을 차지하는 예수님의 치유의 사역도 실은 그의 섬김의 삶의 모습을 보여 주는 것이다.

예수님의 공생애는 기도하기 위하여 홀로 한적한 곳에서 머무른 시간 이외에는 참으로 이 세상 사람들 속에서 쉼 없이 활동한 분주한 삶이었다. 그런 점에서 예수님의 영성은 말씀 선포의 영성과 관상적 영성에 머무르지 않고 하나님의 사랑을 행동으로 보여 주는 실천적 영성, 곧 행동하는 영성을 내포함을 알 수 있다. 하나님의 사랑을 실천에 옮기는 행동하는 영성, 그것이 바로 예수의 영성의 가장 뚜렷한 특징이며, 동시에 기독교 영성의 가장 아름다운 꽃이요, 모든 보화 중의 보화라고 말할 수 있다.

예수님은 자신이 이 세상에 온 것은 사람들에게 섬김을 받으려 함이 아니라 도리어 섬기기 위함이라고 말씀하셨다. 요한과 야고보 형제가 그들의 모친을 통하여 주님이 높은 자리에 등극하게 되면 그 좌우편에 앉게 해 달라는 엉뚱한 청원을 하였을 때, 예수님은 다음과 같이 말씀하셨다.

예수께서 제자들을 불러다가 이르시되 이방인의 집권자들이 그들을 임의로 주관하고 그 고관들이 그들에게 권세를 부리는 줄을 너희가 알거니와 너희 중에는 그렇지 않아야 하나니 너희 중에 누구든지 크고자 하는 자는 너희를 섬기는 자가 되고 너희 중에 누구든지 으뜸이 되고자 하는 자는 너희의 종이 되어야 하리라 인자가 온 것은 섬김을 받으려 함이 아니라 도리어 섬기려 하고 자기 목숨을 많은 사람의 대속물로 주려 함이니라 (마 20:25-28)

예수님은 여기서 자신이 이 세상에 온 목적과 사명이 이 세상의 정권자들이나 관리들처럼 사람들 위에서 군림하고 지배하며 명령하는 데 있는 것이 아니라, 오히려 사람들 아래에 들어가 그들을 보살피며 돕는 섬김의 도리를 보여 주기 위함이라는 사실을 말씀하셨다. 또한 제자들을 향하여 누구든지 크고 으뜸이 되고자 하는 사람은 상전을 받드는 종과 같이 남을 섬기는 자가 되어야 한다고 가르치셨다. 이것은 바로 그리스도인의 삶의 가장 온당한 태도를 알려 주신 것이다. 즉 모든 그리스도인의 삶의 가장 바른 모습은 남을 섬기는 삶이라는 말씀이다. 종의 삶이란 오직 섬김만이 있는 삶이다.

그리스도인의 삶은 언제나 어디서나 섬김의 삶이어야 한다. 이 것은 목회자나 평신도나 예외가 없다. 예수님의 삶은 한결같이 종 처럼 남을 섬기는 삶이었다. 이것이 바로 하나님의 아들, 온 인류의 구세주, 이 세상의 모든 현자와 스승 중의 참 스승, 그리고 교회의 참 터전(foundation)이며 머리이신 예수 그리스도의 삶이었다. 그리 고 이것은 바로 예수의 영성과 기독교 영성의 가장 독특한 특징이 며, 또한 자랑인 것이다.

따라서 그리스도인들은 교회 안에서나 밖에서나 어디에서든지 서로 섬기는 삶을 살아야 한다. 예수님은 왜 그토록 섬김을 중요시 하고 몸소 그 모범을 보이셨을까? 그것은 아마도 하늘나라의 생활, 곧 천국인의 삶이 바로 서로 섬기는 삶(생활)이기 때문일 것이다. 그런 점에서 '섬김' 은 천국인의 증표이며, 또한 이 세상을 사는 참 그리스도인의 증표라고 할 수 있을 것이다.

한편 마가복음 9장 35절 이하에 따르면, 예수님은 누구든지 첫 째(최고)가 되고자 하면 뭇 사람의 끝이 되고, 또한 뭇 사람을 섬기 는 자가 되어야 한다고 가르치셨다. 그리고 어린아이 하나를 앞에 세우신 후, 누구든지 자신의 이름으로 이런 어린아이 하나를 영접 하면 곧 자신을 영접하는 것이며, 또한 자신을 영접하면 이는 곧 자 신을 이 세상에 보내신 하나님을 영접하는 것이라고 말씀하셨다. 사도 바울은 빌립보 교회 교인들을 향하여 예수 그리스도의 겸허한 마음을 품으라고 권고하면서, 예수님은 본래 하나님과 같은 지고한 신성을 소유하신 분이지만 하나님과 동등 됨을 취하려 하지 아니하고, 오히려 자신을 비워 보통 사람과 같이 되었을 뿐 아니라 모든 삶을 섬기는 종의 모습을 취하였으며, 또한 타인을 위하여 자기의 생명을 버리기까지 자신을 낮추었다고 말하였다.(빌 2:5-8)

사도 바울은 여기서 예수님의 마음과 삶의 태도를 사람들 위에 군림하고 지배하는 상전의 태도가 아니라, 그와 반대로 사람들 아래로 내려와 그들을 섬기는 종이 되는 지극히 겸허한 태도로 묘사하였다. 종교개혁자 마틴 루터는 「기독자의 자유」라는 글에서 그리스도인은 하나님의 은혜로 모든 속박에서 완전히 해방된 전적인 자유자이지만, 동시에 하나님의 엄청난 사랑에 빚진 자로서 남을 섬기는 것에서는 어떠한 자유도 없는 전적인 종과 같은 자라고 말하였다.

예수님은 섬김의 모범을 몸소 제자들의 발을 씻겨 주심으로 보여 주셨다. 어느 날 저녁 식사 후에 예수님은 자리에서 일어나 겉옷을 벗고 수건을 가져다가 허리에 두르시고 대야에 물을 떠서 제자들의 발을 씻겨 주신 다음 그 두르신 수건으로 닦아 주기까지 하셨다. 그리고 나서 다음과 같이 말씀하셨다. "내가 너희에게 행한 것을 너희가 아느냐. 너희가 나를 선생이라 또는 주라 하니 너희 말이 옳도다. 내가 그러하다. 내가 주와 또는 선생이 되어 너희 발을 씻었으니 너희도 서로 발을 씻어 주는 것이 옳으니라. 내가 너희에게 행한 것같이 너희도 행하게 하려 하여 본을 보였노라." (요 13:12-15)

여기서 잠깐 예수님이 제자들의 발을 씻어 주신 의미를 생각해 보자! 이것은 단순한 사건처럼 보이지만 그 안에 담겨 있는 의미는 매우 중요하다. 이것은 예수님의 영성의 가장 지고한 측면인 실천적 특성, 곧 기독교 영성의 구체성과 사회성, 즉 타인과 세상을 향한 섬김의 정신을 나타내는 것이다. 예수의 영성이 섬김의 영성임을 드러내는 것이다. 기독교 영성은 자기 자신이나 자기에게 속한 그룹 또는 공동체만을 위한 것이 아니라, 자기 이외의 모든 사람을 위한 것이다. 그런 점에서 그리스도인과 교회의 가장 중요한 존재 이유는 바로 세상을 섬기기 위함이라는 사실을 알 수 있다.

예수님은 또한 섬김의 도리와 그 중요성을 선한 사마리아인의 비유를 들어 가르쳐 주셨다. 누가복음 10장에 기록된 선한 사마리아인의 이야기에는 섬김의 영성에 관한 매우 중요한 교훈이 담겨 있다. 이 이야기는 한 유대인 율법사가 예수님에게 어떻게 하면 천국에 들어갈 수 있는지(영생을 얻을 수 있는지)를 묻는 것에서 시작한다. 이 때 예수님은 그에게 율법(성경)에 어떻게 기록되어 있느냐고 반문하셨다.

"네 마음을 다하며 목숨을 다하며 힘을 다하며 뜻을 다하여 주너의 하나님을 사랑하고 또한 네 이웃을 네 자신같이 사랑하라 하였나이다(요 10:27; 신 6:5, 레 19:18 인용)." 율법사는 이렇게 성경 말씀으로 대답하였다. 예수님은 그 율법사의 대답이 옳다고 칭찬하셨다. 그런데 그는 자신을 좀 더 과시하기 위해 그러면 이웃이 누구냐고 다시 질문을 던졌다. 이 때 예수님이 비유로 들어 주신 것이 선한 사마리아인의 이야기다.

즉 율법사에게 진정한 이웃이 누구인지를 알려 주기 위해 이 말씀을 하신 것이다. 한 유대인이 예루살렘에서 여리고로 가는 도중 노상에서 강도를 당하여 길가에 쓰러져 있을 때, 동족인 제사장이나 레위인은 아무런 도움도 주지 않고 그냥 지나쳐 버렸으나 사마리아인은 그에게 자비를 베푼 이야기를 통해 이웃 사랑의 진정한 의미가 무엇인지를 가르쳐 주신 것이다. 유대인과 사마리아인은 종교적으로나 민족(혈통)적으로나 관습적으로 서로 상대하지 않는 적대관계에 있었다.

그런데 이 사마리아인은 유대인이 강도를 만나 거의 죽게 된 상태로 길가에 내팽개쳐져 있는 것을 보고 그냥 지나가지 않고, 그에게 다가가 자신의 여행을 위해 준비한 기름과 포도주를 상처에 붓고 싸맨 다음 자신의 짐승에 태워 인근 주막에 데리고 가서 두 데나리온이나 되는 돈을 지불하고 그를 잘 돌보아 달라고 부탁할 뿐 아니라, 비용이 더 들 경우엔 자신이 여행에서 돌아올 때 갚아 주겠노라고 말한 것이다.

예수님은 이 이야기를 하신 다음 율법사에게 "네 생각에는 이 세 사람 중에 누가 강도 만난 자의 이웃이 되겠느냐."고 질문하셨다. 율법사가 자비를 베푼 사마리아인이라고 대답하자 예수님은 그에게 "가서 너도 이와 같이 하라."고 하셨다. 이 이야기는 매우 중요한 몇 가지 의미를 함축하고 있다. 이야기에 등장하는 제사장과 레위인은 유대교라는 종교를 대표하는 사람들이다. 한 사람이 노상에서 강도를 만나 신음하며 죽어 가고 있을 때, 종교의 최고 지도자들인 제사장과 레위인은 아무런 도움도 주지 않고 수수방관하며 지나가고 말았다.

이 이야기를 통해 예수님은 행함이 없는 종교 신앙, 사랑의 실천과 섬김의 영성을 상실한 종교와 종교인들을 통렬하게 비판하신 것이다. 즉 말만 앞세운 종교, 의식과 제도만을 강조하고 교권과 권위만을 탐하고 집착하는 종교는 인류사회에 아무런 유익을 주지 못한다는 사실을 말씀하신 것이다. 그리고 무엇보다도 행함이 없는 믿음(종교)은 곧 죽은 믿음(종교)이라는 귀중한 교훈을 암묵적으로 표현하셨다. 바꾸어 말하면 종교란 사랑을 실천할 때 생명을 발휘할 수 있다는 교훈을 주신 것이다.

또한 이 이야기는 진정한 사랑의 실천과 자선은 국경과 민족적 장벽뿐 아니라, 심지어 종교적 간극도 초월하여 행해져야 한다는 교훈을 담고 있다. 유대인과 사마리아인은 역사적으로 오랜 앙금이 쌓여 있는 서로 상종할 수 없는 적대관계였다. 예수님은 선한 사마리아인의 이야기를 통해 진정한 이웃 사랑의 의미와 기독교적 사랑의 실천과 자선의 의미, 곧 그리스도인의 섬김의 진정한 의미를 가르쳐 주신 것이다. 자선과 사랑의 실천인 섬김의 도리에는 국경도, 종교적 장벽도, 민족이나 혈통, 신분 등 어떠한 구분이나 제한도 있을 수 없다는 말이다.

한편 마태복음 22장 35절 이하를 보면, 한 율법사가 예수님에게 율법 중에서 어느 계명이 가장 크고 중요한지를 물었다. 그 때 예수님은 위에서 언급한 신명기 6장 5절과 레위기 19장 18절을 인용하여, 첫째는 모든 정성과 힘을 기울여 하나님을 사랑하는 일이고, 둘째는 이웃을 자기 자신과 같이 사랑하는 일이라고 말씀하시고, 이 두 계명은 모든 율법과 선지자의 강령이라고 하셨다. 그리고 이 사랑의 계명을 자신이 주는 새로운 계명이라고도 말씀하셨다.(요 13:34)

예수님의 이 말씀은 하나님 사랑과 이웃 사랑이 불가분의 관계임을 암시한다. 여기서 특별히 유의할 점은 예수님이 첫째 계명인 하나님 사랑과 둘째 계명인 이웃 사랑을 동시에 언급하심으로써 그

둘을 하나의 고리로 연결시켰다는 사실이다. 즉 우리의 하나님에 대한 사랑은 곧 이웃에 대한 사랑으로 표현되고 나타나야 한다는 말이다. 이 점에 대해 사도 요한은 아주 분명하고 단호한 어투로 다음과 같이 강조하였다. "누구든지 하나님을 사랑하노라 하고 그 형제를 미워하면 이는 거짓말하는 자니 보는 바 그 형제를 사랑하지 아니하는 자는 보지 못하는 바 하나님을 사랑할 수 없느니라. 우리가 이 계명을 주께 받았나니 하나님을 사랑하는 자는 또한 그 형제를 사랑할지니라."(요일 4:20-21)

사도 요한은 여기서 그치지 않고 한층 구체적으로 형제 사랑의 길인 섬김의 영성의 중요성에 대해 피력하였다. "누가 이 세상의 재물을 가지고 형제의 궁핍함을 보고도 도와줄 마음을 닫으면 하나님의 사랑이 어찌 그 속에 거하겠느냐. 자녀들아, 우리가 말과 혀로만 사랑하지 말고 행함과 진실함으로 하자(요일 3:17)." 우리는 여기서 사도 요한이 철저하게 예수님의 사랑의 영성과 섬김의 영성의 중요성과 우선성을 말하였음을 알 수 있다.

그러면 예수님의 섬김의 영성의 근원적 동기와 힘은 어디에서 오는 것인가? 바로 하나님의 사랑을 체험하고 깨닫고 소유하는 데서 오는 것이다. 왜냐하면 사랑의 근원은 곧 하나님이시기 때문이다. 예수님의 섬김의 삶은 그의 마음에 하나님의 사랑이 충만한 데서 나온 결과였다. 예수님의 가슴은 언제나 억제할 수 없는 하나님의 사랑으로 불타오르고 있었다. 그의 말씀, 치유, 그리고 섬김의 모든 행위는 그의 가슴속에서 뜨겁게 타오르는 하나님의 사랑의 발로였다.

예수님의 가슴에 충만했던 이 하나님의 사랑은 어떤 사랑인가?

성경은 예수님이 보여 주신 사랑을 우리가 이 세상에서 흔히 볼 수 있는 윤리적인 사랑인 '필리아(philia)'나 심미적인 사랑인 '에로스(eros)'와 구별되는 '아가페(agape)' 사랑으로 표현하였다. 아가페 사랑이란 그 근원이 하나님께 속한 것으로서 인간의 어떤 사랑의 형태와도 구별되는 특수하고 특별한 사랑을 말한다.

그것은 어떠한 외적인 원인들에도 좌우되지 않는 순수하고 자발적인 사랑이고, 어떠한 조건도 포함되지 않은 무조건적인 사랑이며, 모든 대상(만인과 만유)을 차별 없이 사랑하는 무차별의 균등의 사랑이고, 또한 어떠한 보상도 바라지 않고 오직 주기만 하는 순수한 시여(주는)의 사랑이다. 그리고 심지어 자기를 해치고 핍박하고 고통스럽게 하는 원수까지도 용서하고 그를 위해 기도하는 그런 사랑이다. 그것이 바로 예수님이 십자가를 통해 보여 주신 사랑이다.

우리는 예수님의 삶에서 무엇을 발견하는가? 예수님이 그의 삶 전체에서 보여 주신 것은 무엇인가? 바로 이러한 사랑, 즉 인간의 지평에서는 어디에서도 찾아볼 수 없는 특이한 사랑인 하나님의 사랑, 곧 아가페의 사랑이었다. 사실 예수님의 삶의 모두, 곧 그의 선교 사역의 모두는 바로 이 한 가지, 하나님의 사랑을 드러내는 것에 있었다. 예수님은 하나님의 사랑에 살고, 그 사랑에 죽고, 그 사랑의 힘으로 다시 살아 영원히 사신 것이다. 왜냐하면 사랑은 모든 것을 초월하는 초공간적(trans-spacial)이고 초시간적(trans-temporal)인 힘, 곧 영원성이 있기 때문이다.

예수님이 이 세상에 오신 목적도 하나님의 사랑을 인류에게 알려 주어 진정한 평화와 구원을 누리게 하기 위함이었다. 아마도 예수님과 우리의 가장 큰 차이점은 바로 이 하나님의 사랑의 강도

(intensity)와 충만성(fullness)의 차이라고도 말할 수 있을 것이다. 예수님의 섬김의 영성은 그의 사랑의 영성에서 나온 것이다. 왜냐하면 섬김은 사랑의 열매이기 때문이다. 그러므로 그리스도인의 섬김의 삶은 하나님의 사랑을 받아 그것을 타인에게 전달하는 행위를 말하는 것이다.

그러면 어떻게 하나님의 사랑을 우리 마음에 충만하게 흘러넘치게 할 수 있을까? 그것은 참 믿음을 통해, 또한 하나님을 진정으로 사랑함으로 가능하다. 믿음이란 하나님께 대한 전적인 신뢰와 함께 하나님을 전심으로 사랑하는 일이다. 하나님의 사랑은 우리가 하나님을 사랑할 때 비로소 체험하고 얻을 수 있다. 왜냐하면 하나님을 향한 우리의 사랑과 우리를 향한 하나님의 사랑은 서로 상관관계에 있으며, 밀접하게 연결되어 있기 때문이다. 즉 우리가 하나님을 사랑하지 않고는 하나님의 사랑을 느낄 수 없는 것이다. 이 점에 대해 사도 요한은 다음과 같이 기록하였다.

사랑하는 자들아 우리가 서로 사랑하자 사랑은 하나님께 속한 것이니 사랑하는 자마다 하나님으로부터 나서 하나님을 알고 사랑하지 아니하는 자는 하나님을 알지 못하나니 이는 하나님은 사랑이심이라 (요일 4:7-8)

우리를 향한 하나님의 사랑과 하나님을 향한 우리의 사랑의 상관관계에 관해 중세기 초엽에 크레르보의 수도원 원장으로 활동한 성 버나드는 「하나님의 사랑에 관하여」라는 글을 통해 다음과 같이 잘 말해 주었다. 그에 따르면 하나님을 향한 우리의 사랑의 첫 단계는 전적인 자기사랑, 즉 '자기를 위한 자기사랑'이다. 그 다음 단계는 '자기를 위한 하나님 사랑'이다. 이 단계에서 인간은 하나님을 사랑하지만 그것은 어디까지나 자기 자신을 위해서다. 그러나 여기에서 인간은 하나님의 참 사랑을 깨닫고 체험하게 됨으로 하나님께 대한 전적인 헌신의 단계인 '하나님을 위한 하나님 사랑'의 단계로 나아가게 된다.

그런데 성 버나드는 이 세 번째 단계보다 한 단계 높은 사랑의 단계가 있다고 말하였다. 그것은 바로 '하나님을 위한 자기사랑'의 단계다. 그는 이 단계를 차가운 쇠붙이가 뜨거운 용광로에 들어가 한참 있으면 새빨간 불덩이로 달아오르는 것에 비유하면서, 이것은 우리의 영혼이 하나님의 무한한 사랑으로 채워져 하나님의 우리 사랑과 우리의 하나님 사랑이 한 덩어리로 동화되어 버린 상태를 의미한다고 설명하였다. 즉 이 단계는 우리의 영혼이 하나님의 사랑으로 가득 채워져 하나님의 사랑과 우리의 사랑이 신비롭게 합일을 이루어 구분이 되지 않는 상태에 이른 것을 의미한다.

인간은 하나님의 사랑을 소유하지 않고는 남을 진정으로 사랑할 수 없으며, 또한 섬길 수 없다. 하나님의 사랑 없이 남을 섬기려는 것은 위선적 행위이거나 아니면 마지못한 행위에 머무를 수밖에 없으며, 순수한 섬김은 결코 불가능하다. 믿음이란 무엇인가? 예수님을 통해 하나님의 사랑을 깨닫고, 그 사랑을 획득하고 소유하기 위한 수단인 것이다.

하나님의 사랑은 왜 필요한가? 바로 이웃과 형제들을 진정으로 사랑하고 섬기기 위해서다. 하나님의 사랑을 소유하지 않고는 진정한 섬김의 삶으로 나아갈 수 없기 때문이다. 예수님은 항상 하나님의 사랑으로 마음이 가득 채워져 있었기 때문에 그의 삶은 언제나 섬김의 삶이 될 수 있었다. 그런 점에서 예수님의 섬김의 영성은 곧 그의 사랑의 영성을 의미하는 것이다. 예수님은 자신의 선교의 궁극적인 사명이 하나님의 사랑을 사람들에게 보여 줌으로써 사랑의 삶을 살게 하기 위함이라고 말씀하셨다.

> 아버지께서 나를 사랑하신 것같이 나도 너희를 사랑하였으니 나의 사랑 안에 거하라 내가 아버지의 계명을 지켜 그의 사랑 안에 거하는 것같이 너희도 내 계명을 지키면 내 사랑 안에 거하리라 …… 내 계명은 곧 내가 너희를 사랑한 것같이 너희도 서로 사랑하라 하는 이것이니라 사람이 친구를 위하여 자기 목숨을 버리면 이보다 더 큰 사랑이 없나니 너희는 내가 명하는 대로 행하면 곧 나의 친구라 (요 15:9-14)

요컨대 예수님의 삶은 하나님의 사랑을 실행에 옮기는 사랑의 삶이었다. 그의 삶의 순간순간, 그가 기도하고 생각하고 행동하는 모든 것, 즉 그의 말씀(천국 복음) 사역과 치유 사역의 모든 것, 또한 가난하고 소외된 모든 사람을 돌보며 섬기는 일, 그리고 그의 삶의 극점인 십자가의 죽음과 부활에 이르기까지의 모든 과정은 다름 아닌 하나님의 사랑을 실천하며 나타내는 일이었다. 예수님은 자신이 이 세상에 불을 던지러 왔다고 말씀하신 적이 있다. 무슨 불일까? 바로 사랑의 불이다. 이 사랑의 불길이 모든 사람의 가슴에 타오르기를 원하셨으며, 또한 그 일을 실행하셨다. 그 결과로 기독교라는 종교가 탄생했고, 교회가 생겼다. 그런 점에서 예수의 영성의 모든 것은 결국 사랑으로 귀결되며, 또한 사랑의 실행인 섬김의 영성으로 집중되는 것이다. 따라서 사도 야고보가 '행함이 없는 믿음은 죽은 믿음'이라고 말한 것같이 사랑과 섬김이 없는 영성은 죽은 영성인 것이다.

그러므로 오늘의 그리스도인들과 교회는 예수님의 이 사랑과 섬김의 영성을 계승하고 바로 수행할 책임과 사명이 있다. 환언하면 기독교의 영성의 핵심과 궁극적인 목표는 바로 예수님의 사랑과 섬김의 영성을 오늘의 우리 삶의 현장, 즉 가정과 교회와 사회, 그리고 지구촌 곳곳에서 실행하고 펼치는 일인 것이다.

따라서 오늘의 그리스도인들과 교회 지도자들은 섬김을 받기 위해서가 아니라 도리어 섬기기 위해 이 세상에 오셨다는 예수님의 말씀을 늘 마음에 새기고 상기해야 할 것이다. 기독교는 어떠한 종교인가? 바로 사랑의 종교요, 섬김의 종교다. 교회와 그리스도인의 진정한 존재 이유는 바로 이 하나님의 사랑을 실천하기 위해서인 것이다.

천국 실현의 영성

Spirituality of the Kingdom of God

예수님은 복음을 전하실 때, 항상 천국에 관해 말씀하셨다. 예수님의 교훈이 집중된 산상수훈도 천국으로 시작한다. 예수님이 말씀하신 천국 또는 하나님 나라는 '하나님의 주권에 의해 지배되는 세계', 곧 '하나님의 사랑과 의와 평화가 완전히 실현된 세계'를 의미한다. 곧 천국은 진정한 의미의 행복(축복), 곧 지복의 세계이며, 따라서 참 기쁨과 환희와 감사와 만족과 감격으로 충만한 세계다.

7장

천국 실현의 영성

Spirituality of the Kingdom of God

복음의 핵심 주제

그리스도인의 신앙의 궁극적인 목표는 구원을 성취함과 동시에 천국을 소유하고 그것을 향유하는 일이라고 말할 수 있다. 그런 점에서 천국과 구원은 밀접하게 연결되어 있으며, 동시에 기독교 영성의 궁극적 목표도 온전한 구원의 성취와 함께 하나님 나라, 곧 천국의 실현과 향유에 있다고 말할 수 있다. 복음서를 보면 예수님의 교훈의 핵심은 천국임을 알 수 있다. 즉 예수님의 교훈은 처음부터 끝까지 천국 또는 하나님 나라에 집중되어 있다는 것이다.

그래서 복음서 저자들은 예수님이 전해 주신 말씀, 곧 복음을 '천국 복음'이라고 표현한 것이다. 세례 요한은 예수의 복음 운동의 출현을 천국의 도래로 묘사하고, 또한 자신의 역할을 천국 도래의 전초 작업으로 표현하였다. 이에 대해 마태는 다음과 같이 기술하였다. "그 때에 세례 요한이 이르러 유대 광야에서 전파하여 말하되 회개하라 천국이 가까이 왔느니라 하였으니 그는 선지자 이사야를 통하여 말씀하신 자라. 일렀으되 광야에 외치는 자의 소리가 있어 이르되 너희는 주의 길을 준비하라, 그가 오실 길을 곧게 하라 하였느니라."(마 3:1-3)

이것은 세례 요한이 예수 그리스도의 도래와 그의 복음 운동의 내용을 하나님 나라의 도래, 곧 지상에서의 천국 실현의 사건으로 보고, 자신은 그 운동의 길을 닦는 준비와 안내의 역할자로 보았음을 암시하는 것이다. 동시에 복음서 저자들은 예수님의 말씀과 교훈을 '천국 복음' 또는 '하나님 나라 복음' 이라고 칭함으로써 예수님의 복음 운동을 하나님 나라, 곧 천국 실현을 위한 선교 운동으로 표현하였음을 볼 수 있다.

> 예수께서 온 갈릴리에 두루 다니사 그들의 회당에서 가르치시며 천국 복음을 전파하시며 백성 중의 모든 병과 모든 약한 것을 고치시니 (마 4:23)
> 예수께서 이르시되 내가 다른 동네들에서도 하나님의 나라 복음을 전하여야 하리니 나는 이 일을 위해 보내심을 받았노라 하시고 갈릴리 여러 회당에서 전도하시더라 (눅 4:43-44)

예수님은 복음을 전하실 때, 항상 천국에 관해 말씀하셨다. 예수님의 교훈이 집중된 산상수훈도 천국으로 시작한다. "심령이 가난한 자는 복이 있나니 천국이 그들의 것임이요(마 5:3)." 또한 마태복음 13장에 나오는 예수님의 복음의 내용을 알기 쉽게 설명한 여러 비유들, 즉 누룩, 가라지, 좋은 씨, 귀한 보화, 값진 진주 등의 비유들도 모두 천국에 관한 것이다. 그러면 예수님의 복음의 핵심 주제인 천국은 도대체 어떠한 곳이며, 또한 누가 어떻게 천국에 들어갈 수 있는가?

천국은 어떤 나라인가?

복음서, 특히 공관복음서에서 발견할 수 있는 한 가지 흥미 있는 사실은 마태는 예수님의 복음을 '천국(the Kingdom of Heaven)' 복음이라고 칭한 데 반해 마가와 누가는 '하나님의 나라(the Kingdom of God)' 복음이라고 하였다는 점이다. 그러나 천국과 하나님의 나라는 표현은 다르지만 여러 면으로 보아 그 개념과 내용은 같은 것임을 알 수 있다. 즉 마태의 '천국' 이나 마가와 누가의 '하나님 나라' 는 같은 내용의 다른 표현이라는 말이다.

그러면 예수님이 말씀하신 천국 또는 하나님의 나라는 도대체 어떤 나라이며, 그 본질적 내용은 무엇인가? 그리고 그 나라는 언제 임할 것이며, 또한 누가 거기에 들어갈 것인가? 예수님이 말씀하신 천국 또는 하나님 나라는 그 단어가 드러내듯이 이 지상의 어떤 나라, 즉 인간 역사에 등장한 흥망성쇠의 과정을 밟은 어떤 나라나 그 과정에 있는 나라, 아니면 인간의 이상이 실현된 세계인 '유토피아 (Utopia)' 를 지칭하는 것이 아님을 알 수 있다.

예수님의 교훈을 종합적으로 살펴볼 때, 하늘나라 또는 하나님 나라는 인간의 주권이 지배하는 어떤 나라가 아니라 '하나님의 주권에 의해 지배되는 세계(a world ruled by God' s love and justice)', 곧 '하나님의 사랑과 의와 평화가 완전히 실현된 세계' 를 의미한다. 하늘나라, 곧 하나님 나라는 절대 평화인 하나님의 평화가 실현된 나라이며, 모든 거짓과 위선과 불의와 부정의(injustice)가 사라진 의(진리)의 나라이며, 어떠한 강제나 억압도 없는 온전한 자유가 실현된 사랑의 세계다. 그렇기 때문에 하나님의 나라, 곧 천국은 진정한 의미의 행복(축복), 곧 지복의 세계(a world of bliss)이며, 따라서 참 기쁨과 환희와 감사와 만족과 감격으로 충만한 세계다.

그런 면에서 하나님의 나라, 곧 천국은 어떤 양적이며 물질적인 장소적(또는 영토적)인 세계, 다시 말하면 어떤 공간적 의미를 지닌 세계를 지칭하는 것이 아니라 인간의 심성이나 영적 상태와 관계되는 세계로서, 초시간적이고 초공간적인 세계, 즉 영적인 의미의 세계로 하나님의 뜻이 온전히 실현된 세계, 곧 하나님의 사랑과 평화의 세계임을 알 수 있다.

그래서 예수님은 천국 또는 하나님의 나라에 대해 시-공간적 개념에 사로잡혀 있던 당시의 유대인들과 바리새파 사람들을 향해 "하나님의 나라는 볼 수 있게 임하는 것이 아니요, 또 여기 있다 저기 있다고도 못하리니 하나님의 나라는 너희 안에 있느니라(눅 17:20-21)."고 말씀하신 것이다. 여기서 우리는 하나님의 나라, 곧 천국은 인간의 내적 상태인 심성, 곧 영혼의 상태와 밀접한 관계가 있음을 알 수 있다.

천국과 하나님의 임재

그러면 천국은 언제 임하고, 어떻게 실현되는가? 천국은 하나님의 나라이기 때문에 하나님의 임재(presence of God)와 직결된다. 즉 하나님이 임재하시는 곳, 하나님이 계신 곳, 하나님과 함께 있어 그분의 영(뜻)으로 다스려지는 곳이 바로 하나님의 나라요, 천국이라는 말이다. 과정철학자 화이트헤드는 어느 글에서 "하나님의 나라가 곧 하나님"이라고 말한 적이 있다. 이것을 바꾸어 말하면, 하나님이 계신 곳이 곧 하나님의 나라라는 말과 같은 의미다. 하나님 나라가 언제 임하고 실현되는가? 바로 하나님이 임(재)하신 곳, 하나님의 뜻이 실현된 곳, 하나님의 사랑이 충만한 곳이 천국인 것이다. 왜냐하면 천국의 주인공은 바로 하나님이시며, 또한 하나님은 곧 사랑이시기 때문이다.

그러면 하나님은 언제 어떻게 우리에게 임하시는가? 하나님은 삼위일체의 하나님이시기 때문에 하나님이 직접 임하기도 하시지만 동시에 그의 아들과 성령을 통하여, 그리고 그가 지으신 창조세계의 신비를 통하여도 우리에게 임하신다. 그러므로 우리 마음에 하나님이 임재하실 때, 아들인 예수 그리스도와 하나님의 영인 성령이 내주하실 때, 우리 마음에 천국이 임하고 하늘나라가 실현되는 것이다.

왜냐하면 하나님은 아들인 예수 그리스도와 자신의 영인 성령을 통하여, 그리고 때로는 자신의 지혜와 뜻의 표현인 창조세계의 신비를 통하여 우리에게 다가오시고 임재하시기 때문이다. 따라서 우리 마음에 예수 그리스도를 소유할 때 천국이 실현되고, 성령으로 충만해 있을 때 천국을 느낄 수 있으며, 때로는 하나님의 창조세계의 신비와 아름다움을 통해서도 천국을 맛보고 경험할 수 있는 것이다. 찬송 작사자 버틀러(C. F. Butler)는 1898년에 지은 495장의 찬송시에서 예수 그리스도를 소유한 곳이 곧 천국임을 잘 표현하였다.

내 영혼이 은총 입어 중한 죄 짐 벗고 보니

슬픔 많은 이 세상도 천국으로 화하도다

주의 얼굴 뵙기 전에 멀리 뵈던 하늘나라

내 맘속에 이뤄지니 날로날로 가깝도다

높은 산이 거친 들이 초막이나 궁궐이나

내 주 예수 모신 곳이 그 어디나 하늘나라

한편 예수님은 마태복음 13장에서 천국을 값진 진주와 밭에 숨겨져 있는 희귀한 보화에 비유함으로써, 천국은 이 세상 무엇과도 바꿀 수도 비교할 수도 없을 만큼 값지고 고귀한 것임을 가르쳐 주셨다. 천국은 이 세상 어떤 것과도 비교할 수 없을 만한 최고의 가치, 즉 궁극적인 가치를 지닌 것이기 때문에 모든 것을 포기하고 희생해서라도 반드시 획득해야 함을 말씀하신 것이다.

요컨대 예수님이 우리에게 알려 주신 하나님의 나라, 곧 천국은 이 세상의 어떤 것, 즉 어떤 물질적인 것과도 구별되는 것으로서, 영적 실재이신 하나님(또는 예수 그리스도 혹은 성령)이 임재하시고, 하나님의 뜻이 실현된 곳/세계요, 또한 하나님의 사랑과 의와 평화와 기쁨으로 충만한 세계를 지칭하는 것이다. 따라서 우리 마음에 혹은 우리의 가정과 교회와 사회에도 하나님(또는 그리스도와 성령)이 임재하시면 그 곳이 곧 천국이 되는 것이다.

천국 시민의 자격

그러면 누가 천국에 들어갈 수 있으며, 또한 누가 그것을 소유할 수 있는가? 다시 말해 천국 시민의 자격은 무엇인가? 성경을 자세히 살펴보면 예수님은 천국이 무엇이며 어떤 나라인지를 정의하거나 설명하시는 일보다는 누가 천국에 들어갈 수 있으며 그것을 소유할 수 있는지, 즉 천국 시민의 자격과 조건에 대해 주로 말씀해 주신 것을 발견할 수 있다.

사실 예수님의 교훈의 말씀, 곧 그의 복음 전체가 바로 천국 시민의 자격에 관한 말씀, 천국에 들어가거나 천국을 소유할 수 있는 자격과 조건에 관한 말씀이라고 볼 수 있다. 그 중에서도 특히 산상수훈은 천국 시민의 자격과 천국을 소유할 수 있는 방법과 길에 대한 말씀이다. 특히 8복의 말씀은 천국에 들어가는, 즉 천국을 소유하는 직접적인 방법과 길을 말씀해 주신 것이다.

자신의 마음을 비우고 겸허한 마음을 갖는 일, 자신의 부족함과 결점에 대해 애통해하는 일, 인자하고 온유한 마음을 갖는 일, 하나님의 의를 갈망하고 사모하는 일, 조건 없이 타인에게 긍휼과 자비를 베푸는 일, 청결한 마음을 갖는 일, 평화를 위해 노력하는 일, 공의를 위해 박해를 감수하고 수고하는 일 들이다. 이 중에서 중요한 몇 가지만을 다루고자 한다.

(1) 겸허한 마음

예수님은 산상수훈의 초두에서 "심령이 가난한 자는 복이 있나니 천국이 그들의 것임이라."고 말씀하셨다. 즉 천국에 들어가는 최초의 조건, 다시 말해 천국 소유의 제일 조건으로 '마음의 가난', 곧 '심령의 가난'을 말씀하셨다. 심령의 가난은 바로 겸허한 마음을 지칭하는 것이다. 교만한 마음, 복잡한 마음, 부정한 마음, 욕심과 혈기로 가득 찬 마음으로는 천국에 들어갈 수도, 천국을 소유할 수도 없다는 말씀이다. 그래서 예수님은 부자가 천국에 들어가는 것이 매우 어렵다고 말씀하셨다.

왜냐하면 부자는 물질에 대한 미련 때문에 겸허한 마음을 갖기가 매우 어려움을 아셨기 때문이다. 예수님은 마태복음 18장 3절 이하에서 "너희가 돌이켜 어린아이들과 같이 되지 아니하면 결단코 천국에 들어가지 못하리라. 그러므로 누구든지 이 어린아이와 같이 자기를 낮추는 사람이 천국에서 큰 자니라."고 말씀하셨다. 이것은 어린아이와 같이 단순하고 순수한 마음, 즉 비어 있는 마음에 천국이 실현된다는 말씀이다.

하나님의 나라는 영적인 세계이기 때문에 우리 마음이 육적인 생각들로 가득 차 있으면 그 나라의 주인이신 하나님이 임재하실 수 없는 것이다. 왜냐하면 천국은 바로 하나님이 임재하시는 곳이기 때문이다. 하나님은 우리의 깨끗한 영혼, 빈 마음에 임하신다. 그러므로 마음을 비우는 일, 마음을 정결케 하는 일이 천국 실현의 첩경인 것이다.

그러면 마음을 비우는 일은 무엇인가? 그것은 바로 자기를 부인하는 일이며, 자기를 십자가에 죽이는 일이다. 그래서 예수님은 자신을 따라오려는 사람은 자기를 부인하고 자기 십자가를 지어야 한다고 말씀하신 것이다. 이렇게 마음을 비우는 일, 즉 자기를 부인하고 자아를 죽이는 일을 14세기 독일의 신비신학자 마이스터 에크하르트(Meister Eckhart)는 '자기포기', '자기비움', '자기무화' 등으로 묘사하였다. 이것이 바로 예수님의 제자가 가야 하는 길임과 동시에 천국을 소유하는 첩경이다.

즉 천국을 소유하는 길은 인간이 자신을 무한히 낮추어 겸허

자가 되는 일과 함께 자신의 마음(영혼)을 깨끗이 닦고 비우는 일, 곧 공심(空心, empty heart)과 청정심(淸淨心, pure heart)을 갖는 일이다. 이것은 불교적 표현과 유사하지만 어디까지나 예수님의 말씀이다. 그래서 예수님은 천국은 마음이 가난한 자의 것이라고 말씀하셨고, 또한 마음이 청결한 자가 하나님을 볼 것이라고 하셨다. 하나님을 본다는 것은 천국을 소유한다는 것과 동일한 의미로 이해할 수 있다.

(2) 성령으로 거듭남

천국을 소유하는 두 번째 자격과 조건은 성령으로 거듭나는 일이다. 성령으로 거듭난다는 것은 육적인 사람(carnal person)이 영적인 사람(spiritual person)으로 변화되는 일을 의미한다. 예수님은 당시의 유대사회의 지성인이요 관원이던 니고데모에게 "사람이 물과 성령으로 (거듭)나지 아니하면 하나님의 나라에 들어갈 수 없느니라."고 말씀하시며 육으로 난 것은 육이요, 영으로 난 것은 영이라고 분명히 가르쳐 주셨다(요 3:5). 즉 물과 성령으로 거듭나는 것은 육신적 인간이 영적인 인간으로 변화되는 것을 말하는 것이다.

하나님의 나라, 곧 천국은 깊은 의미에서 하나님의 사랑과 영이 지배하는 세계, 곧 영적인 세계이기 때문에 하나님의 진리의 영인 성령으로 온전히 변화되고 거듭난 영적인 사람이 되지 아니하고는 하나님 나라에 들어갈 수 없으며, 또한 천국을 소유할 수도 없는 것이다. 유교에서는 수신제가평천하(修身齊家平天下)를 말하고, 불교에서는 참 깨우친 사람이 되기 위해서는 인간 불행의 근본 원인이 되는 세 가지 독소인 탐욕, 성냄, 어리석음을 버려야 한다고 말하지만, 예수님은 인간이 천국을 소유하기 위해서는 진리의 성령으로 온전히 거듭나 옛 사람이 완전히 죽고 새사람, 곧 영적인 사람으로 다시 태어나야 함을 말씀하신 것이다.

또한 성령은 진리의 영이기 때문에, 성령으로 거듭난다는 것은 모든 거짓과 위선에서 떠난 진리의 사람, 곧 가장 진실하고 정직한 사람이 되는 것을 의미한다. 반대로 육적인 사람이란 인간의 온갖 거짓과 위선과 탐심과 혈기, 즉 육정에 지배되는 사람이다. 그러므로 이 땅에서 진정한 천국 백성, 곧 천국 시민이 되고, 또한 마음에 천국을 소유하고 누리며 살기 위해서는 육적인 사람에서 영적인 사람으로 변화되지 않으면 안 되는 것이다. 사도 바울은 영적인 인간의 삶의 모습을 성령의 아홉 가지 열매로 표현하였다. "오직 성령의 열매는 사랑과 희락과 화평과 오래 참음과 자비와 양선과 충성과 온유와 절제니 이 같은 것을 금지할 법이 없느니라."(갈 5:22-23)
하나님의 영인 성령(사랑과 진리의 영)에 의해 전적으로 변화되고 새로워진 사람, 곧 영적인 사람은 이 세상에서 세속인(世俗人)이 누릴 수 없는 깊은 평화와 기쁨과 말로 표현할 수 없는 감격의 삶을 살 수 있다. 그래서 예수님은 "평안을 너희에서 끼치노니 곧 나의 평안을 너희에게 주노라. 내가 너희에게 주는 것은 세상이 주는 것과 같지 아니하니라(요 14:27)."고 말씀하셨다. 세상이 빼앗아갈 수 없는 지고한 평화, 그것이 바로 천국 시민인 영적인 사람이 누리는 특권이다. 이것은 어떤 의미에서 예수님이 복음의 중심 메시지라고 말할 수 있다.
한국교회가 병들었다고 많은 사람들이 걱정을 한다. 그것은 교회 안에 진리의 성령으로 온전히 거듭난 사람, 즉 영적인 성도와 영성화된 지도자가 적기 때문이다. 물과 성령으로 거듭난 성도, 곧 영적인 성도가 많은 교회가 건강한 교회, 참 교회, 천국을 이루는 교회인 것이다.

(3) 사랑의 사람

천국 시민이 되고 천국을 소유하는 세 번째 조건과 자격은 사랑의 사람이 되는 일이다. 천국은 하나님의 나라다. 그런데 하나님은 사랑이시기 때문에 하나님의 나라는 곧 하나님의 사랑의 세계를 말한다. 그러므로 천국은 사랑의 사람만이 들어갈 수 있으며, 사랑의 사람만이 천국을 소유할 수 있는 것이다. "긍휼히 여기는 자는 복이 있나니 그들이 긍휼히 여김을 받을 것임이요(마 5:7)."라는 말씀은 이 세상에서 하나님의 사랑을 실행하는 자가 곧 하나님의 사랑의 세계인 천국의 기쁨을 누리게 된다는 말씀으로 이해할 수 있다.

예수님의 복음의 초점은 궁극적으로 하나님의 사랑, 곧 사랑의 하나님에 관한 것이다. 사도 요한은 예수님이 전하신 하나님의 사랑에 관한 메시지의 의미를 "하나님이 세상을 이처럼 사랑하사 독생자를 주셨으니 이는 그를 믿는 자마다 멸망하지 않고 영생을 얻게 하려 하심이라."고 표현하였다. 여기서 그를 믿는다는 것은 곧 예수님의 사랑의 복음을 받아들이고 하나님의 사랑을 깨달아 사랑의 사람이 되는 것을 의미하며, 멸망하지 않고 영생을 얻게 된다는 것은 진정한 사랑의 사람이 됨으로써 하나님의 사랑의 세계인 영원한 하늘나라, 곧 천국의 복을 향유하게 된다는 뜻이다. 진정한 영성 생활은 천국을 소유하고 향유하는 생활인 것이다.

즉 우리가 이 세상에 사는 동안 진리의 성령으로 거듭나 진리의 사람이 되고, 또한 하나님의 사랑을 깨달아 참다운 사랑의 사람이 됨으로써 하나님이 주시는 최상의 복/지복(至福, supreme blessing), 즉 천국의 기쁨을 향유할 수 있는 것이다. 그것은 우리가 이 세상에 사는 동안 시작되어야 하며, 또한 이 세상에서 누려야 한다. 그것은 하나님의 백성인 성도들에게 주어진 특권이기 때문이다.

천국의 현재성

예수님의 말씀을 자세히 상고해 보면, 예수님이 선포하신 천국 또는 하나님의 나라는 우리가 죽은 후에 영혼이 안식을 얻는 미래의 세계가 아니라, 바로 오늘 우리의 삶에 하나님의 진리와 사랑의 능력으로 실현되고 성취되는 세계임을 알 수 있다. 그래서 예수님은 "하나님의 나라는 볼 수 있게 임하는 것이 아니요, 또 여기 있다 저기 있다고도 못하리니 하나님의 나라는 너희 안에 있느니라(눅 17:20-21)."고 말씀하셨고, 산상수훈에서 천국을 마음이 가난한 자와 청결한 자, 그리고 의를 사모하고 화평케 하는 자가 누리는 하나님의 영적 복의 세계임을 가르쳐 주셨다.

진정한 의미에서 천국은 어디에 있으며, 언제 시작되며, 어떤 세계인가? 단적으로 말하자면 천국은 바로 하나님의 나라, 하나님의 통치의 세계, 즉 하나님의 뜻이 실현되고 그 뜻으로 지배되는 세계이기 때문에 성 삼위일체 하나님이 임재하시는 곳, 즉 하나님이 임재하시는 곳, 그리스도가 찾아오시는 곳, 하나님의 영인 성령이 내주하시는 곳이 바로 천국인 것이다. 따라서 그것은 미래적이 아니라 현재적인 것이다.

성서신학자 C. H, Dodd는 하나님의 나라는 하나님의 뜻의 실현인 하나님의 사랑의 세계를 의미하기 때문에, 그리고 그리스도의 이 세상에 오심과 그의 임재에 의해 성취되는 것이기 때문에 그 나라는 이미 성취되었고, 지금 실현되고 있으며, 또한 궁극적인 완성은 앞으로 실현될 것이라고 말하여, 소위 '실현된 종말론(Realized Eschatology)' 또는 '실현된 하나님의 나라'를 주장한 바 있다. 예수님은 자신이 하나님의 영원한 생명의 전달자 또는 시여자(giver)이기 때문에 자신과 자신을 보내신 하나님을 믿고 영접하는 자는 이미 '영원한 생명(eternal life)'을 얻은 자, 곧 구원을 받은 자이며, 따라서 심판에 이르지 않는다고 말씀하셨다.

> 내가 진실로 진실로 너희에게 이르노니 내 말을 듣고 또 나 보내신 이를 믿는 자는 영생을 얻었고 심판에 이르지 아니하나니 사망에서 생명으로 옮겼느니라 (요 5:24)

예수님은 자신과 자신을 이 세상에 보내신 하나님을 믿고 영접한 사람에게는 이미 하나님 나라의 복인 영생이 주어졌기 때문에 심판에 이르지 않는다고 말씀하시며 하나님 나라, 곧 천국(또는 구원이나 심판의 실현)이 다만 미래적인 사건이 아니라 현재적이며, 또한 현재 완료적인 특성이 내포되어 있음을 언급하신 것이다.

이것은 하나님의 나라, 곧 천국은 다만 죽은 후에 들어가는 세계가 아니라 우리의 현재적 삶, 매일의 삶에서, 영적 생명의 빛이고 영원한 생명 자체(근원자)이며 시여자이신 하나님과 아들과 성령의 내주, 즉 그분과의 공재 공역(共在 共役)의 삶에서 누리게 되는 것임을 의미하는 것이다.

다시 말해 하나님의 나라, 곧 천국은 영원한 생명이며 빛이신 하나님과 아들과 성령과 함께 있는 삶과 세계이기 때문에 어떠한 시간과 공간의 장벽도 초월한다. 그것은 우리의 마음, 곧 심령뿐만 아니라 가정과 교회도, 또한 어떠한 공동체나 사회, 국가도 해당된다. 따라서 천국은 마음의 천국, 가정의 천국, 교회의 천국, 지상의 천국, 그리고 하나님의 뜻의 궁극적인 완성인 영원한 천국으로 나눌 수 있다.

그러나 하나님 나라의 특성, 즉 그 본질적 내용은 동일하다. 하나님의 뜻이 실현된 곳, 하나님의 사랑과 평화와 기쁨이 충만한 곳, 그리고 영원한 생명, 곧 하나님께로부터 오는 영적 생명과 빛이 있는 곳이다. 그런 점에서 그리스도인들은 각자 마음의 천국, 가정의 천국, 교회의 천국을 이루어야 하며, 동시에 자신이 속한 공동체와 사회, 국가, 그리고 인류 전체의 천국 실현을 위해 진력해야 한다. 그것이 바로 오늘날 우리에게 주어진 선교적 사명인 것이다.

교회의 사명

그러면 오늘의 교회가 감당해야 할 가장 중요한 사명은 무엇인가? 교회의 일차적인 사명은 예수님이 전해 주신 복음, 즉 천국 복음을 바로 증거하고 전하는 일이다. 예수님의 복음은 한마디로 천국 복음이다. 모든 죄성과 질고와 멍에에서 인간을 해방시키고 하나님 나라, 곧 천국의 기쁨을 누리며 살게 하는 천국 복음이다. "수고하고 무거운 짐 진 자들아, 다 내게로 오라. 내가 너희를 쉬게 하리라."라는 말씀이 예수님의 복음이 지향하는 목표점이다.

키에르케고르를 비롯하여 대부분의 실존주의 철학자들이 말한 바와 같이 인간은 자기반성적 존재이기 때문에 누구나 예외 없이 현실과 이상 사이에서 겪게 되는 갈등과 좌절, 자신의 삶과 존재의 의미 상실, 깊은 고독과 허무와 절망 등 무거운 멍에를 지고 살아간다. 예수님은 바로 이러한 모든 인간 실존의 깊은 영적 아픔(멍에)을 직관하시고, 거기에서 해방되어 참된 '놓임(구원 또는 안식)'과 평화와 기쁨의 삶, 곧 천국을 향유하며 사는 길을 제시해 주신 것이다.

따라서 오늘의 교회는 사람들에게 이 무거운 생의 멍에와 짐에서 벗어나 참된 자유(해방)와 평화와 기쁨, 즉 천국을 누리며 살 수 있는 길을 잘 제시해 주어야 한다. 인간에게 무거운 멍에를 짊어지게 하는 것은 복음이 아니라 율법이며, 또한 그것은 예수님의 방법이 아니라 바리새파 사람들의 방법이다.

그렇기 때문에 오늘날 교회는 사람들에게 천국의 주체자(주인)요 시여자이며, 실현자요 완성자인 사랑의 하나님과 예수 그리스도와 성령을 바로 알리고, 또한 바로 만나고 바로 연합하고 바로 소유하고 사는 길을 잘 안내해 주어야 한다. 그리하여 한 사람 한 사람이 각자의 마음의 천국, 가정의 천국, 교회의 천국을 이루고 누리며 사는 길을 제시해 주어야 한다. 그러기 위해서는 먼저 예수님의 마음인 진정한 겸허의 마음을 소유하게 하는 일과 함께 사랑의 영인 성령의 충만을 통해 영적인 사람이 되도록 잘 교육하고 훈련하며 지도해야 한다.

진정한 의미의 교회는 무엇이며, 교회는 무엇 때문에 존재하는가? 교회는 예수 그리스도의 몸(영적 공동체)으로서, 어거스틴이 말한 바와 같이 사람들이 이 세상에서 천국을 경험할 수 있는 천국의 모형이다. 사람들은 제일 먼저 교회를 통해 하나님의 나라, 곧 천국이 무엇인지를 경험하는 것이다. 따라서 우리는 먼저 교회의 천국을 이루는 일에 특별한 관심을 기울여야 한다. 교회의 천국을 이루기 위해서는 영적인 교회, 즉 하나님의 사랑과 진리와 평화로 충만한 교회가 되어야 하며, 그러기 위해서는 목회자를 비롯해 모든 그리스도인이 참된 영적인 사람이 되어야 한다. "하나님의 나라는 너희 안에 있느니라."는 주님의 말씀은 천국이 영적인 성도들의 마음에, 그리고 그들이 함께 모인 교회에 있다는 말씀과 동일한 것이다.

뿐만 아니라 교회는 이 세상, 즉 인류사회에 하나님의 나라가 임하도록 그분의 뜻을 실현시켜야 하는 사명을 부여받았다. 예수님은 씨 뿌리는 비유, 겨자씨 비유, 누룩 비유 등에서 하나님 나라는 작은 것에서 시작하여 큰 것으로 확대되고 확장되어 감을 말씀하셨다. 즉 하나님 나라는 한순간에 한꺼번에 실현되는 것이 아니라 점진적으로 확대되고 성취되는 특성이 있다는 것이다. 그리고 특별히 예수님은 주기도문을 통해 기도의 본을 보여 주시면서 "하나님의 나라가 이 땅에 임하옵소서. 하나님의 뜻이 하늘에서 이루어진 것같이 땅에서도 이루어지게 하옵소서."라고 기도하라고 분부하셨다.

이 기도는 우리가 사는 인류사회, 곧 싸움과 분쟁과 갈등과 각종 악과 불의(injustice)가 편만한 이 세상을 하나님의 사랑과 평화의 세계, 즉 천국 질서로 변화시키는 일, 다시 말해 이 땅에 하나님의 나라가 임하게 하고, 하나님의 나라를 실현시키고 확장해 나가는 일이 오늘날 그리스도인들과 교회에게 주어진 가장 중요한 과제요 사명이라는 사실을 나타내는 말씀이다. 이 기도문을 통해 우리는 그리스도인들과 교회의 궁극적인 존재 이유와 사명이 바로 이 일이라는 사실을 깨닫게 된다. 즉 교회는 다만 사람들의 영혼 구원만을 위하여 존재하는 것이 아니라 온 세계에 하나님의 뜻을 실현시켜 하나님의 나라가 임하게 하기 위해 존재한다는 것이다.

예수님은 우리에게 땅 끝까지 이르러 복음의 증인이 되라고 부탁하셨다. 이것은 무엇을 통해 시작되는가? 무엇보다 먼저 그리스도인들이 복음의 진수를 올바로 깨닫고 실천함으로 하나님의 평화를 소유한 진정한 평화의 사람들이 되고, 또한 천국 복음을 위임받은 교회가 예수 그리스도가 원하시고 의도하신 천국 복음을 올바로 선포하고 바르게 전해 줌으로써 가능하게 되는 것이다.

예수님이 우리에게 전해 주신 복음은 어떤 복음인가? 예수님의 복음은 평화의 복음으로서, 이 세상 모든 사람이 그것을 통하여 하나님의 진리와 사랑을 맛보고 깨닫고 소유함으로써 그들도 하나님의 평화, 곧 천국의 기쁨을 누리게 하는 복된 소식이다. 따라서 온 세상을 향해 증인이 되라는 말씀은 온 세계에 평화(천국)의 복음을 바로 전하고 알려 줌으로써, 온 인류가 하나님의 사랑과 평화의 나라, 곧 천국의 기쁨을 누리며 살게 하라는 말씀이며 명령인 것이다.

따라서 오늘의 그리스도인들과 교회는 영혼 구원과 세계 선교, 혹은 세계 복음화라는 명목으로 사람과 사람 사이, 즉 민족과 종교와 문명 간에 갈등과 대립과 분쟁을 조장하거나 증대시켜서는 안된다. 그것은 하나님의 뜻인 인류의 평화 실현에 역행하는 결과가 되기 때문이다. 그러므로 진정한 선교와 복음 전파는 사람과 사람 사이에 천국의 징표인 하나님의 평화를 전하고 실현시키는 일이 되어야 한다. 그래서 예수님은 화평케 하는 자, 곧 평화를 위하여 애

쓰는 자가 복이 있으니, 그들이 하나님의 아들(자녀)이라 일컬음을 받을 것이라고 말씀하신 것이다.

　따라서 오늘의 그리스도인들과 교회는 천국 실현의 근본 원리인 예수 그리스도의 사랑과 평화의 복음을 통하여 온 인류에게 하나님의 평화가 실현되고, 모든 계층과 집단, 종족과 국가, 종교와 문명, 심지어는 자연과 인간 사이의 갈등과 대립, 파괴와 착취, 전쟁과 분열이 사라지게 하며, 하루속히 하나님의 평화가 실현되어 하늘나라가 도래하도록 힘써야 한다. 그것은 참으로 먼 장래에나 실현 가능한 요원한 미래적인 사건일 수 있다. 그러나 우리는 결코 그것을 외면하거나 포기할 수 없다. 왜냐하면 그것은 우리 주님의 지상 명령이며, 또한 복음의 핵심 내용이기 때문이다.

하나님의 창조 목적

　하나님께서 만물과 인류를 창조하신 목적과 또한 예수 그리스도가 우리를 그의 제자로 부르신 목적은 무엇인가? 이 세상에서 고통과 탄식과 무거운 멍에 속에 살게 하려고 부르신 것이 결코 아니다. 그와는 정반대로 진정한 의미의 가장 행복한 삶, 이 세상에서 가장 복된 삶을 살게 하기 위함이다. 물론 그 복은 단순한 물질적 풍요의 복만을 의미하는 것은 결코 아니다. 진정한 의미의 복, 곧 하늘나라의 복은 그러한 차원을 훨씬 능가하며 초월한다. 그것은 만물의 창조주이신 하나님께로부터 직접 부여되는 복으로서, 어떠한 외적인 환경이나 조건도 능히 극복하면서 누릴 수 있는, 가장 내면적이고 근원적인 복을 의미하는 것이다.

　　그런 의미에서 그리스도인들은 진정한 낙천가, 즉 '자기초월적 낙천가(self-transcending optimist)' 혹은 '영성적 낙천가(spiritual optimist)'라고 할 수 있다. 왜냐하면 참 믿음을 소유한 사람들의 영혼에 주어지는 천국의 기쁨, 곧 성 삼위 하나님께로부터 오는 사랑과 평화와 기쁨은 이 세상 무엇과도 바꿀 수 없으며, 또한 이 세상의 무엇도 빼앗아갈 수 없기 때문이다. 이것이 바로 하나님의 백성, 즉 천국 시민인 그리스도인들이 이 세상에서 누릴 특권이며, 또한 예수의 영성의 특징 중 하나인 천국 실현의 영성에 담긴 내용인 것이다.

　　끝으로 그리스도인들이 이 세상에서 누릴 하나님 나라와 영원한 하나님 나라는 어떠한 관계인지 살펴보자. 요약하여 말하자면 예수님이 선포하신 하나님 나라, 즉 예수님의 복음이 의미하는 천국은 단순히 이 세상 저편에 있는, 즉 우리가 죽은 후에 들어가는, 다시 말해 인류 역사와 지구의 종말 후에 있을 세계를 의미하는 것이 아니라, 바로 지금 여기에서 시작되며 실현되는 세계를 말하는 것이다.

　　따라서 신실한 신앙인, 곧 예수님의 마음과 인격을 닮은 영적인 사람은 이 땅에서도 천국의 기쁨을 누리며 살 수 있고, 또한 영원한 하늘나라에 들어가 영원한 천국을 누릴 수도 있는 것이다. 왜냐하면 이 세상에서의 천국과 영원한 천국은 그 본질이 같기에 양자 사이에는 연속성이 있기 때문이다. 따라서 이 세상에서 천국을 누리지 못한 사람은 아마 죽은 후에도 천국에 들어가지 못할 것이다. 왜냐하면 이 세상에서 천국을 소유하지 못한 사람은 영원한 천국에 들어갈(소유할) 조건, 즉 천국 백성이 될 자격을 얻지 못하였기 때문이다.

그러므로 우리는 이 세상에 사는 동안 매일의 생활에서 성 삼위 하나님과의 바르고 깊은 관계, 즉 상호 내재적 관계를 이루어 천국의 기쁨을 누림과 동시에, 이 기쁨을 다른 많은 사람들에게도 나누어 주는 삶을 살아야 한다. 그리스도인의 진정한 영성적 삶은 바로 분망하고 고달픈 일상생활 속에서도 천국의 기쁨을 누리며, 하루하루를 하나님의 평화 증진과 하나님 나라 실현을 위하여 진력하는 삶을 말하는 것이다.

하나님께서 우주 만물을 창조하시고 우리를 하나님의 형상대로 창조하신 목적은 하나님의 창조의 깊은 뜻을 바로 깨달아 하루하루 그리고 영원토록 천국의 기쁨(평화)을 누리며 살게 하려는 것이다. 예수님은 바로 이 깊은 진리를 우리에게 알려 주신 것이다.

창조 영성
Creation Spirituality

예수님은 하나님의 창조세계인 흙과 물과 나무와 풀과 새 등 자연을 바라보실 때, 그들 하나하나에 하나님의 세밀한 돌보심과 사랑이 깃들어 있음을 직감하셨다. 그래서 공중의 이름 모를 새도 하나님이 일일이 먹이신다고 말씀하셨고, 하나님의 솜씨로 옷 입히신 한 송이 야생화의 아름다움이 솔로몬이 입은 최상의 화려한 옷의 아름다움과도 비교할 수 없다고 하셨다.

8장

창조 영성
Creation Spirituality

예수와 자연

예수의 영성의 또 하나의 중요한 내용은 하나님의 창조세계인 피조물, 곧 자연에 대한 새로운 이해다. 예수님은 그의 복음의 핵심에 속하는 산상수훈의 중심 부분에서 피조물(자연)과 하나님의 관계, 즉 창조세계가 하나님의 지극한 사랑의 대상임을 말씀하셨다.

공중의 새를 보라 심지도 않고 거두지도 않고 창고에 모아들이지도 아니하되 너희 하늘 아버지께서 기르시나니 너희는 이것들보다 귀하지 아니하냐 너희 중에 누가 염려함으로 그 키를 한 자라도 더할 수 있겠느냐 또 너희가 어찌 의복을 위하여 염려하느냐 들의 백합화가 어떻게 자라는가 생각하여 보라 수고도 아니하고 길쌈도 아니하느니라 그러나 내가 너희에게 말하노니 솔로몬의 모든 영광으로도 입은 것이 이 꽃 하나만 같지 못하였느니라 오늘 있다가 내일 아궁이에 던져지는 들풀도 하나님이 이렇게 입히시거든 하물며 너희일까 보냐 믿음이 작은

자들아 (마 6:26-30)

위의 말씀의 핵심은 공중의 이름 모를 새들도 하나님께서 직접 기르시고, 들에 있는 작고 힘없는 풀들까지도 직접 옷을 입혀 주신다는 사실이다. 다시 말하면 이 세상의 모든 크고 작은 새들을 하나님께서 직접 먹이심으로 그 생명을 지켜 주시고, 또한 들에 핀 들풀/야생화들도 가지각색의 아름다운 옷으로 입혀 주신다는 것이다. 그런데 여기서 주목해야 할 점은 들에 핀 이름 모를 한 떨기 야생화의 아름다움이 지상 최고의 부와 영화의 상징인 솔로몬 왕이 지극한 영광의 표상으로 입은 옷의 아름다움보다 비교할 수 없을 정도로 탁월하다는 표현이다. 여기서 우리는 자연의 아름다움에 대한 예수님의 깊은 통찰과 함께 자연 예찬의 극치를 엿볼 수 있다.

기독교의 발상지이자 예수님의 영성의 배경은 갈릴리 호숫가를 중심으로 한다. 즉 예수님의 천국 복음 운동과 선교 사역의 배경은 척박한 유대 광야나 예루살렘 지역이 아니라 팔레스타인 북부 지방인 갈릴리 호수를 중심으로 한 매우 비옥하고 아름다운 땅이었다. 갈릴리 호수는 북쪽에 있는 만년설의 헐몬 산과 레바논 산맥에서 흘러 내려오는 맑고 신선한 물로 언제나 채워지고, 그 물은 요단 강을 통해 다시 아래로 흘러 내려간다. 또한 주변은 그리 높지 않은 아름다운 산들이 병풍처럼 둘러서 있고, 아열대의 따뜻한 기온으로 사철 꽃들이 피어 있으며, 온갖 철새들이 쉬었다 가는 곳이다.

필자는 갈릴리 호수 주변의 산들을 바라보며, 새벽 미명에 사람들을 피하여 혼자 기도하러 올라가셨던 예수님의 모습을 상상해 보며 깊은 감회에 젖기도 했다. 필자가 1999년에 이 곳을 방문하였을 때가 2월인데도 바나나나무가 커다란 잎사귀를 뽐내고 있었으며, 각종 이름 모를 꽃들이 피어 있었다. 아마 이 세상 어느 누구도 갈릴리 호수의 잔잔하고 고요한 아름다움에 도취되지 않을 수 없을 것이다. 산상수훈과 8복의 말씀이 선포된 장소도 바로 이 아름다운 갈릴리 호숫가 얕은 산언덕이었다. 예수님은 산언덕에 앉으셔서 푸르고 맑은 갈릴리 호수를 내려다보시며 이 소중한 천국 복음을 말씀해 주신 것이다.(마 5:1; 15:29)

뿐만 아니라 복음서에 따르면 예수님은 수시로 산에 올라가 홀로 또는 몇몇 제자들과 함께 거기 머물며 기도하셨다(마 14:23; 17:1; 막 6:46; 9:2; 눅 6:12; 9:28; 요 6:15). 예수님이 이렇게 자주 산에 올라가신 것은 인적이 없는 한적한 곳에서 하나님과 깊은 영적 교제를 갖기 위함이었다. 그리고 다른 한편으로는 하나님의 창조세계인 자연 속에서 그것들과 대화하며 그들 안에 감춰진 하나님의 사랑을 체험하는 기회도 만들기 위함이었을 것이다. 왜냐하면 예수님에게는 자연 속에 감춰진 하나님의 신비한 사랑을 식별하는 특별한 통찰력이 있었기 때문이다.

우리는 예수님의 천국 복음과 그의 영성이 바로 이러한 아름다운 자연을 배경으로 탄생했음을 알아야 한다. 그것을 증명이나 하듯 예수님의 복음에는 자연물을 예로 든 비유가 유난히도 많다. 씨와 밭, 가라지, 겨자씨, 포도나무, 알곡과 쭉정이, 무화과나무 등 그 수를 헤아리기조차 어렵다. 특히 예수님은 하나님을 농부에 비유하신 적이 있다. "나는 참포도나무요, 내 아버지는 농부라(요 15:1)." 이런 점으로 미루어 우리는 예수님이 청소년 시절이나 청년기에 농업에 종사한 경험이 있는 것으로 상상해 볼 수 있다.

예수님은 하나님의 창조세계인 흙과 물과 나무와 풀과 새 등 자연을 바라보실 때, 그들 하나하나에 하나님의 세밀한 돌보심과 사랑이 깃들어 있음을 직감하신 것이다. 그래서 공중의 이름 모를 새도 하나님이 일일이 먹이신다고 말씀하셨고, 하나님의 솜씨로 옷 입히신 한 송이 야생화의 아름다움이 솔로몬이 입은 최상의 화려한 옷의 아름다움과도 비교할 수 없다고 하신 것이다. 이 말씀은 이 세상의 모든 피조물, 즉 만물이 하나님의 사랑의 대상이며, 그들은 바로 하나님의 사랑과 선과 아름다움의 표현들이라는 의미다. 이 점이 바로 예수님의 창조 영성 사상의 핵심 원리다.

하나님과 창조세계

　　그러면 예수님의 이러한 자연 사랑과 자연의 아름다움에 대한 통찰, 곧 예수님의 창조 영성의 근거는 무엇인가? 그것은 바로 사랑의 창조주 하나님에 대한 인식과 신앙이다. 예수님은 우주 만물이 사랑과 선과 아름다움의 근원이신 하나님의 창조에 의한 존재들로서, 하나님의 각별한 사랑과 보호의 대상임을 확신하셨다. 그래서 공중을 날아다니는 새도 하나님이 일일이 먹이시며, 들에 핀 야생화들도 아름답게 옷 입히신다고 말씀하신 것이다.

　　창세기 1장에는 하나님이 천지 만물을 창조하신 다음 그 지으신 것들을 보시고 매우 기뻐하셨다는 기록이 있다. "하나님이 지으신 그 모든 것을 보시니 보시기에 심히 좋았더라(창 1:31)." 여기 "보시기에 심히 좋았더라."라는 표현에는 여러 가지 의미가 함축되어 있다. 즉 하나님의 기쁨과 만족, 창조물에 대한 사랑과 복 주심

등의 의미가 담겨 있다. 즉 인간을 포함한 모든 피조물은 창조주 하나님의 사랑과 보호/복의 대상이 됨과 동시에, 창조주 하나님을 기쁘시게 하는 수단이 된다는 의미를 함축한 것이다.

그러면 하나님은 자신이 지으신 피조물/만물을 보고 왜 그리도 기뻐하셨을까? 시편 19편 저자는 "하늘이 하나님의 영광을 선포하고 궁창이 그의 손으로 하신 일을 나타내는도다(시 19:1)."라고 노래했다. 즉 모든 창조세계가 창조주 하나님의 창조의 신비, 즉 그의 위대한 솜씨를 드러냄으로써 하나님의 영광, 곧 그의 위대하심과 존귀하심을 나타낸다는 의미다. 모든 피조물이 하나님의 솜씨와 능력과 성품을 반영하고 드러내기에 하나님은 자신이 지은 만물을 보시고 심히 좋아하고 기뻐하셨다는 것이다.

우리도 마찬가지다. 정성을 들여 만든 물건은 소중히 여기게 되며, 그것을 볼 때 기쁨을 느낀다. 왜냐하면 거기에 자신의 정성이 다 들어가 있기 때문이며, 또한 그것들이 자신의 예술성과 솜씨를 보여 주기 때문이다. 이와 마찬가지로 하나님께서 자신이 지은 만물을 보시고 심히 기뻐하신 이유는 모든 지혜와 솜씨와 능력을 동원하여 그것을 창조했으며, 또한 그 피조물들이 하나님 자신의 지혜와 뜻과 성품, 곧 그의 창조의 능력과 솜씨를 잘 드러내기 때문이었을 것이다. 그래서 사도 바울은 로마서 1장에서 다음과 같이 말하였다.

창세로부터 그의 보이지 아니하는 것들 곧 그의 영원하신 능력과 신성이 그가 만드신 만물에 분명히 보여 알려졌나니 그러므로 그들이 핑계하지 못할지니라 (롬 1:20)

여기서 사도 바울의 심오한 창조 영성 사상을 엿볼 수 있다. 요컨대 하나님이 지으신 창조세계, 즉 우주 만물에 하나님의 영원하신 능력과 신성(神性, divine nature), 곧 하나님의 품성(진선미애)과 지혜가 표현되어 있다는 것이다. 즉 물질의 세계인 자연계, 곧 우주 만물에 하나님의 신성이 어떤 형태로든 내재되어 있거나 반영되어 있다는 뜻이다. 따라서 우리는 이 우주 만물을 통하여 창조주 하나님의 성품, 곧 하나님의 선함과 사랑과 아름다움을 비록 완전하게는 아닐지라도 느끼고 알 수 있다는 말이다. 물론 예수님처럼 영적 통찰력이 특별한 사람은 더 강하고 깊이 느낄 수 있을 것이다. 사도 바울이나 성 프랜시스 같은 이들은 여기에 속한다고 볼 수 있다.

뿐만 아니라 사도 바울은 하나님을 인간뿐 아니라 만유(만물)의 아버지라고 표현하였으며, 또한 만물이 하나님께로부터 나와 다시 하나님께로 돌아간다고까지 말하였다.

- 이는 만물이 주에게서 나오고 주로 말미암고 주에게로 돌아감이라 그에게 영광이 세세에 있을지어다 아멘 (롬 11:36)
- 하나님도 한 분이시니 곧 만유의 아버지시라 만유 위에 계시고 만유를 통일하시고 만유 가운데 계시도다 (엡 4:6)

만물이 하나님에게서 나오고 하나님으로 말미암고 하나님께로 돌아간다는 것은 어떤 의미일까? 이 말은 철학자 플로티누스(Plotinus)가 주장한 만물이 궁극적 '일자(一者, the One)'로부터 흘러나와 다시 그 근원적 일자에게로 돌아간다는 유출론(流出論) 사상을 연상시키기도 한다. 그러나 사도 바울이 의도한 이 말의 영성적 의미는 만물이 전적으로 하나님의 창조의 은혜와 섭리로 이 세상에 있으며(존재하며), 또한 물질의 세계인 이 우주 만물도 하나님의 창조의 목적과 계획의 완성 과정인 '영성화의 과정(process of spiritualization)'에 있다는 것이다. 사실 바울의 이 말씀의 배후에는 하나님과 우주 만물 사이에 우리가 이해할 수 없는 어떤 깊은 관계가 있음을 알려 주는 암시가 자리하고 있다.

이와 관련하여 요한계시록을 보면, 이 세상의 종국에는 만물이 멸망해 없어지는 것이 아니라, 하나님께서 만물을 새롭게 하심으로 새 하늘과 새 땅으로 변화되어 하나님의 영광에 참여하게 됨이 암시되어 있다. 이것은 오늘날 우리가 하나님의 창조세계인 우주 만물을 아주 새로운 안목으로 이해해야 함을 촉구하는 말씀이라고 생각한다. 이것이 바로 만물이 주에게서 나오고 주로 말미암고 주에게로 돌아간다는 사도 바울의 말씀이 의미하는 바일 것이다.

- 내가 또 들으니 하늘 위에와 땅 위에와 땅 아래와 바다 위에와 또 그 가운데 모든 피조물이 이르되 보좌에 앉으신 이와 어린 양에게 찬송과 존귀와 영광과 권능을 세세토록 돌릴지어다 하니 (계 5:13)
- 또 내가 새 하늘과 새 땅을 보니 처음 하늘과 처음 땅이 없어졌고 바다도 다시 있지 않더라 …… 보좌에 앉으신 이가 이르시되 보라 내가 만물을 새롭게 하노라 하시고 또 이르시되 이 말은 신실하고 참되니 기록하라 하시고 또 내게 말씀하시되 이루었도다 나는 알파와 오메가요 처음과 마지막이라 (계 21:1, 5-6)

예수님과 사도 바울 이후 기독교 영성가들은 하나님의 창조세계인 우주 만물에 대해 놀라울 만큼의 새롭고도 깊은 이해를 보여 주었다. 2세기 후반에 리용에서 활동한 교부 이레니우스(Irenaeus)는 창조주 하나님과 피조세계인 우주 만물 사이에는 우리가 이해할 수 없는 깊은 관계가 있다고 하였으며, 카파도키아의 교부 중 하나인 닛사의 그레고리(Gregory of Nyssa)는 하나님의 창조세계인 우주 만물을 영적 세계인 '대우주'와 대조되는 '소우주'로 보았으며, 또한 이 우주를 비가시적인(invisible) 영적 세계의 한 '상징(symbol)' 또는 '영상(image)'으로 보는 한편, 심지어는 이 세상 우주 만물을 하나님의 몸(실재)을 덮고 있는 휘장이나 옷자락으로까지 표현하였다. 영성가들의 이러한 견해는 창조주 하나님과 피조물인 우주 만물의 깊고도 오묘한 관계, 즉 우리의 유한한 생각으로는 미칠 수 없는 신비한 관계를 보여 주는 것이다.

만물의 춤사위

그러면 하나님의 창조세계인 우주 만물이 존재하는 참 의미는 무엇이며, 우리는 그들을 통하여 무엇을 배우고 얻을 수 있는가? 시편 19편 기자는 "하늘이 하나님의 영광을 선포하고, 궁창이 그의 손으로 하신 일을 나타내는도다. 날은 날에게 말하고 밤은 밤에게 지식을 전하니, 언어도 없고 말씀도 없으며 들리는 소리도 없으나 그의 소리가 온 땅에 통하고 그의 말씀이 세상 끝까지 이르도다(시 19:1-4)."라고 노래하였다.

이 말씀은 하나님의 창조세계인 우주 만물이 우리의 귀로는 들을 수 없는 침묵의 언어로, 다시 말하면 창조주 하나님만이 들을 수 있는 '신비한 언어(secret language)'로 서로 지식을 전하고 화답하

고 있음을 알려 준다. 이것을 20세기의 뛰어난 과학자이며 신비가
인 샤르댕(Teihard de Chardin)은 '우주의 찬가(the hymn of the
universe)' 라고 명명했다. 우주 만물이 그들의 특유한 곡조로 창조
주 하나님의 무한하신 지혜와 능력과 솜씨, 곧 그의 영광을 찬양하
는 신비한/신령한 노래를 부르고 있음을 간파한 것이다.

    기독교 역사에서 하나님과 우주 만물의 신비한 관계를 가장 잘
말해 준 영성가는 14세기 독일의 신비가 마이스터 에크하르트
(Meister Eckhart)다. 그에 따르면 하나님과 피조물은 서로 상관관
계에 있다. 즉 창조세계인 우주 만물은 하나님의 자기표현이며, 동
시에 피조물들은 그들의 창조주 하나님을 드러내고 표현하는 도구
들이라는 것이다. 따라서 모든 피조물은 창조자 하나님을 나타내는
언어/문자이고 상징이며 흔적이다. 그러므로 우리는 영적 감각으
로 피조물들을 통하여 하나님이 말씀하시는 바를 알아차릴 수 있다
는 말이다.

    14세기 영국의 여류 영성가 노르위치의 줄리안(Julian of
Norwich)은 자신의 신비 체험들을 기록한 〈하나님의 사랑의 현시
들〉이라는 글에서 모든 피조물은 하나같이 "하나님은 사랑이시다,
하나님은 사랑"이라는 말을 읊조리고 있었다고 고백하였다. "모든
피조물은 하나님의 문자다."라는 제목의 설교에서 마이스터 에크
하르트는 이렇게 말하였다.

    모든 피조물은 그들의 활동으로 하나님을 표현하고 싶어 한다. 피조물
    들은 그들이 원하든 원하지 않든 간에, 또한 하나님을 표현하는 것이
    즐거운 일이든 고통스러운 일이든 간에 하나님을 표현하고 싶어 한다.

그러나 하나님은 아직 알려지지 않은 채 남아 계신다. …… 모든 피조물은 하나님의 언어다. …… 모든 피조물은 그들의 활동으로 하나님을 반영한다. 그것은 물론 피조물들이 드러낼 수 있는 아주 작은 것에 불과하다. (참조, Matthew Fox, Eckhart's Breakthrough, pp.58-9)

위의 글에서 엿볼 수 있듯이 하나님과 창조세계의 관계에 관해 에크하르트가 통찰한 중요한 내용은 바로 하나님은 자신이 창조한 우주 만물을 통해 자신의 신성, 즉 진선미애의 성품을 나타내고 표현하시며, 동시에 우주 만물은 그들의 활동, 즉 몸짓과 소리와 움직임 전부를 통해 창조주 하나님을 묘사하고 반영한다는 사실이다. 이것은 시편 19편 저자가 하늘은 하나님의 영광을 선포하고 창공은 그의 손으로 하신 일을 나타내며, 낮은 낮에게 밤은 밤에게 소식과 지식을 전하니, 그 말소리가 들리지 않아도 그 은밀한 음률이 온 누리에 미치고 울려 퍼진다고 표현한 것과 같은 의미다. 이것은 우주 만물이 신비한 언어와 음률로 서로 교감하고 화답하고 있음을 암시하는 것이다. 그런 점에서 이것은 곧 창조주 하나님의 영광을 찬미하는 우주 만물의 춤과 노래라고 말할 수 있다.

바람에 나부끼는 나뭇가지들을 볼 때, 나무들의 신명나는 춤을 보는 느낌이 든다. 푸른 하늘을 배경으로 유유히 흘러가는 구름들, 산기슭과 평야를 가로질러 흘러가는 강줄기들, 마른 땅에 떨어지는 소낙비, 은빛으로 눈부시게 부서지며 바위에 부딪치는 파도, 멀리서 기이한 소리를 내며 줄지어 날아가는 각종 새들, 너울너울 춤을 추며 움직이는 영롱한 색깔의 나비들, 사시사철 때를 따라 갖가지 향내를 풍기며 피어나는 꽃들, 이들을 바라볼 때 우리는 무엇을 느끼고 생각해야 하는가? 그들을 통하여 우리는 하나님의 창조의 은혜를 깨닫고, 만물을 아름답게 창조하고 돌보시는 창조주 하나님의 사랑을 느낄 수 있어야 한다.

그래서 예수님은 공중의 새와 들의 백합화를 보라고 말씀하신 것이다. 오늘 있다가 내일 아궁이에 던져지는 들풀도 하나님이 이렇게 입히시거든 하물며 너희일까 보냐고 말씀하신 것이다(마 6:30). 이 말씀은 곧 피조물 하나하나에 하나님의 사랑이 나타나 있으므로 우리는 그들을 통하여 하나님의 사랑을 느끼고 깨달아야 한다는 말씀이다.

창조세계 돌보기

이그나시오 로욜라(Ignatio Loyala)는 우리의 기도의 목적은 모든 피조물 안에 활동하시는 하나님을 발견하고 감지하는 일이라고 말하였다. 즉 그는 하나님을 만물을 창조하셨을 뿐 아니라 그들을 사랑하시고 보호하시며, 또한 그들을 하나로 조화롭게 연결하시며, 언제나 그들 속에서 은밀히 역사하시는 분으로 이해한 것이다. 이는 하나님을 포도나무를 가꾸는 농부에 비유하신 예수님의 말씀(요 15:1)에서도 엿볼 수 있다.

따라서 하나님의 자녀인 우리는 하나님의 사랑의 대상인 창조세계를 통해 만물을 언제나 사랑으로 돌보시며 그들 속에서 활동하시는 하나님의 신비한 내재적 역사(work)를 느끼고 발견할 수 있어야 한다. 또한 그와 동시에 창조주 하나님께서 바로 자신의 형상,

곧 지고한 영적 존재로 창조하신 인간을, 곧 우리 한 사람 한 사람을 지극히(우리가 도저히 이해할 수 없을 만큼) 사랑하심을 깨달아야 한다.

기독교 영성사에서 빛나는 업적을 이루었으며, 특히 창조 영성 분야에서 귀중한 모범과 큰 교훈을 남긴 사람은 아씨시의 성 프랜시스일 것이다. 그는 창조 영성을 깊이 이해했을 뿐만 아니라 가장 모범적으로 몸소 실천한 사람이다. 만물, 곧 하나님의 창조세계를 참으로 사랑한 사람이다. 그는 하나님의 창조세계를 경외감으로 마주했다. 산천초목, 모든 종류의 새와 태양과 달과 별, 물과 불과 공기 등 모두를 신성하게 생각하여 그들을 마치 사람과 같이 인격적 대상으로 대하고, 형제자매(brothers and sisters)로 불렀다.

프랜시스에게 자연, 곧 우주 만물은 거룩하신 하나님이 창조하시고 사랑하시며 돌보시는 존재들로서, 지극히 신성한 존재들이다. 그러므로 함부로 대할 수 없다. 또한 그들은 진귀한 손님들이며, 친구들이고, 동반자들이며, 우주 안에 함께 살아가고 있는 우주 공동체의 귀중한 일원들이며, 또한 자신이 홀로 있을 때 대화해 주며 위로해 주는 위로자들이고, 기쁨을 주는 반려자들이다.

그에게는 자연이라는 무수한 친구들이 있기에 아무리 혼자 있어도 외롭지 않았으며, 아무것도 소유한 것이 없어도 빈곤을 느낄 수 없었다. 아마도 성 프랜시스는 하나님의 창조의 참뜻을 가장 깊이, 그리고 가장 잘 이해한 사람이며, 또한 예수님의 창조세계 이해, 곧 그의 자연관을 가장 올바로 파악하고 실천한 사람일 것이다.

오늘날 인류는 과학 발전의 이기와 기술 산업을 통한 부와 행복 추구라는 미명 아래 하나님의 창조세계를 마구 오염시키고 병들게 하는 환경 파괴라는 만행을 저지르고 있다. 또한 하나님의 창조세계인 우주 공동체 안에서 모든 피조물과 더불어 서로 유익을 나누고 하나님의 창조의 은혜를 함께 향유하며 살아가야 함에도 불구하고, 오직 인간의 행복과 복지에만 집착하여 개발에 열중함으로써 하나밖에 없는 지구를 심히 손상시키고 있다. 과정사상가 화이트헤드는 모든 피조물의 고통은 곧 하나님의 고통이라고 했다. 그러므로 우리는 지구의 신음소리, 곧 피조물들의 고통스러운 부르짖음을 들을 수 있어야 한다.

사도 바울은 일찍이 "그 바라는 것은 피조물도 썩어짐의 종노릇 한 데서 해방되어 하나님의 자녀들의 영광의 자유에 이르는 것이니라. 피조물이 다 이제까지 함께 탄식하며 함께 고통을 겪고 있는 것을 우리가 아느니라(롬 8:21-22)."고 하였다. 하나님의 백성인 성도들, 곧 영적 감성을 지닌 사람들은 피조물의 고통/탄식의 소리를 들어야 한다는 말씀이다.

그러므로 하나님의 자녀로 부름 받은 믿음의 사람인 우리는 모든 피조물이 창조주 하나님을 찬미하는 우주(만물)의 찬가를 듣는 동시에, 자연의 고통/탄식소리에도 귀를 기울여야 하는 것이다. 그러기 위해 우리는 먼저 창조 영성의 참 의미를 바로 이해해야 할 것이다. 하나님께서 인간을 자기 형상, 곧 영적인 지혜를 지닌 영성적 존재로 창조하신 중요한 이유는 우리가 그들을 통해 하나님의 사랑과 지혜와 섭리를 깨닫는 동시에, 하나님을 대신해 그들, 곧 하나님의 창조세계를 진심으로 사랑하고 보살피며 돌보게 하기 위함임을 깨달아야 한다. 그러므로 진정한 영적인 사람, 곧 참 하나님의 백성은 누구보다도 자연을 사랑하고 존중하는 사람이어야 한다.

동방교회의 영성
Eastern Orthodox Spirituality

서론 : 동방교회 영성의 범위와 시기

동방교회 영성은 고대 사막의 교부들(Desert Fathers)의 영성의 본거지였던 이집트와 팔레스타인을 비롯하여 시리아, 소아시아, 카파도키아, 그리스, 그리고 러시아를 포함한 동유럽 전역에 걸친 희랍 정교회의 영성을 말한다. 시기적으로는 4세기 이후 사막의 교부들과 수도사들을 비롯하여, 13세기에 시리아 지방에서 꽃을 피운 헤시카스트 영성과 그 후 현재까지의 동방교회 전체의 영성을 말한다.

1. 동방교회 영성의 특징

(1) 동방교회 신학과 영성은 이성은 거부하지 않지만 이성주의의 교만은 거부한다. 논리적 추론보다는 영적 체험과 하나님께 대한 경외의 심정을 중요시하기 때문에 체계적인 이론적 신학(조직적인 교리신학)보다는 영성신학을 강조한다.

(2) 동방교회는 이성의 교만을 거부하지만 '지성(신앙에 접촉된 이성)'은 매우 중요시한다. 에바그리우스(Evagrius, 4세기 이집트의 수도사)는 기도를 '하나님과의 지적 교제'라고까지 했다. 동방교회는 신앙과 지성과 사랑이 조화된 고도의 영적 지혜(밝아진 영혼)를 중요시한다.

(3) 동방교회는 우둔한 비합리주의(터툴리안이 말한, 나는 알 수 없으므로 믿는다, credo quia absurdum)와 맹목적 신앙, 광신적 신앙 등을 거부한다.

(4) 동방교회의 신학(영성)은 '긍정의 방법의 신학(Cataphatic Theology)'보다는 '부정의 방법의 신학(Apophatic Theology or via negativa)'의 입장을 취한다. 부정의 방법이란 '…이다' 대신 '…이 아니다'라고 설명하는 방법으로, 우리가 하나님과 영적인 진리에 대해 얼마나 무지한지와 표현 불가능한 사실을 깨닫게 하여, 하나님에 대해 바르고 깊이 알게 하는 방법을 말한다.

(5) 동방교회 영성은 추상적인 언어의 기술보다는 영적인 체험과 사색에 의한 접근을 중요시하기 때문에 '신비적 요소(mystical elements)'를 필요로 한다.

(6) 동방교회는 우리가 절대자이시며 무한 초월자이신 하나님을 대면할 때, 두렵고 떨리는 마음으로 서야 함을 강조한다. 이 때 우리가 경험하는 것은 지극히 찬란한 빛, 현기증, 두려움, 당황, 눈멀게 됨, 그리고 기존의 앎의 파괴 등이다. 이것이 동방교회 영성의 출발점이며, 부정의 방법(via negativa)의 특징이다.

2. 부정의 방법의 성서적 근거

출 33:11; 18-23 네가 내 얼굴을 보지 못하리니 나를 보고 살 자가 없음이니라

출 3:4-5 하나님이 이르시되 이리로 가까이 오지 말라 네가 선 곳은 거룩한 땅이니 네 발에서 신을 벗으라

출 19:20-22 모세는 하나님을 만나기 위해 짙은 암흑 속으로 접근해 간 반면, 백성은 죽임을 당하지 않도록 멀리 떨어져 있으라는 경고를 받았다.

욥 40:1-4 여호와께서 또 욥에게 일러 말씀하시되 트집 잡는 자가 전능자와 다투겠느냐 하나님을 탓하는 자는 대답할지니라 욥이 여호와께 대답하여 이르되 보소서 나는 비천하오니 무엇이라 주께 대답하리이까 손으로 내 입을 가릴 뿐이로소이다

욥 42:1-5 욥이 여호와께 대답하여 이르되 주께서는 못 하실 일이 없사오며 무슨 계획이든지 못 이루실 것이 없는 줄 아오니 무지한 말로 이치를 가리는 자가 누구니이까 나는 깨닫지도 못한 일을 말하였고 스스로 알 수도 없고 헤아리기도 어려운 일을 말하였나이다 …… 내가 주께 대하여 귀로 듣기만 하였사오나 이제는 눈으로 주를 뵈옵나이다

롬 11:33, 36 깊도다 하나님의 지혜와 지식의 풍성함이여, 그의 판단은 헤아리지 못할 것이며 그의 길은 찾지 못할 것이로다 …… 이는 만물이 주에게서 나오고 주로 말미암고 주에게로 돌아감이라 그에게 영광이 세세에 있을지어다 아멘

3. 동방교회 영성가들의 via negativa의 주요 교훈

성 바질(St. Basil of Caesarea, 330-379)

오리겐의 제자로서, 오리겐의 신비주의와 아다나시우스의 성례전적 영성을 종합하여, 교회적 영성과 수도원적 영성을 조화시킨 인물이다. 특히 그는 동생 닛사의 그레고리와 함께 성령의 하나님과 동일한 인격성과 신성을 주장하여 삼위일체론의 발전에 크게 공헌하였다. 그의 영성 사상을 요약하면 다음과 같다.

(1) 성만찬의 효능은 성찬에 참여한 성도들의 마음속에 활동하시는 성령의 역사다.

(2) 성령은 성도들을 성결케 하며, 영적 빛으로 밝아지게 하고, 아들을 바로 알게 하며, 아들 안에서 하나님을 볼 수 있게 한다.

(3) 성령은 성례전(예배)을 통하여 영적 은사를 깨닫게 하며, 하나님과 같이 온전하게 되고자 하는 갈망의 정상으로 인도한다. 성령의 역사는 매우 은밀하기 때문에 설명이 불가능하다.

(4) 기도, 순결, 금욕(절제), 자기수련 등이 하나님과의 합일에 이르는 최상의 방법이다.

(5) 하나님과의 연합(합일)을 이룬 사람은 하늘나라의 영원한 기쁨을 미리 맛보고 알게 되며, 또한 하나님 안에 거하게 되고, 하나님과 같이 거룩하게 된다.

(6) 하나님은 아들과 성령을 통하여 우리 안에 거하신다. 하나님의 내주(indwelling of God)는 마음에 항상 하나님을 생각하고 모시는 일이다.

(7) 영적 성장을 위한 수덕생활의 최상의 방법은 '마음의 고요

(hesychia)' 와 '홀로 있음(eremia)' 이다. 이것은 우리의 영혼을 정화시키고, 영혼의 심저로 들어가게 하며, 궁극적으로는 하나님에 대한 '관상' 에 도달하게 한다.

닛사의 그레고리(Gregory of Nyssa, 331-393)

성 바질의 동생으로 닛사의 감독을 역임했다. 주요 저서로는 「모세의 생애」, 「기독자의 삶의 길」, 「아가서 설교」, 「신앙 교육의 기도문」, 「인간 창조」 등이 있다. 그의 사상을 요약하면 다음과 같다.

(1) 하나님의 창조물인 이 세상은 영적 세계인 '대우주' 와 대조되는 '소우주' 이며, 가시적 세계는 비가시적(영적) 세계의 하나의 상징 이며, 그것은 마치 신의 옷이나 휘장과 같다.

(2) 예수 그리스도의 역할

　가) 그리스도는 우리를 자신과 연합시켜 하나님과의 본래적 관계 로 돌아가게 한다.

　나) 인간 본성을 물질적 속박에서 해방시켜 신성으로 환원시킨다.

　다) 그리스도는 하나님 지식에 있어서 우리의 성장 원천이다.

　라) 그리스도는 인간과 하나님의 닮음의 근거이며, 그러한 닮음의 완성으로 인도한다.

(3) 신비 체험과 영적 상승의 두 방법

　가) 초탈(자기포기), 기도, 묵상, 영적 감각의 실행을 통한 '신적 조 명(divine illumination)' 에 의한 방법이다. 이것은 영혼의 거울 을 통하여 우주에 내재한 신적 아름다움(divine beauty)을 직관 할 수 있게 해 준다.

　나) 이성으로는 이해가 불가능한 '신적 암흑(divine darkness)' 을

통한 방법이다. 신적 암흑에서 인간 영혼은 심한 공포와 현기증을 느끼게 되며, 모든 사유와 개념들이 정지되고, 하나님과의 신비한 연합을 이루게 되며, 신의 임재를 통한 신화(divinization)의 과정에 진입하게 된다. 이것은 인간 영혼의 가장 깊은 내면에서 하나님의 존재와 연합하는 것을 의미하는데, 이것은 어디까지나 화육된 그리스도를 통해서다.

디오니시우스(Dionysius Areopagite, A.D. 500년경에 활동)

주로 시리아 지역에서 활동한 탁월한 신비신학자다. 주요 저서로는 「신비신학(Mystical Theology)」, 「신의 이름(Divine Names)」, 「천상의 의계(Celestial Hierarchy)」 등이 있다. 그의 사상의 핵심은 다음과 같다.

(1) 하나님의 절대 초월성과 부정의 방법

　　가) 하나님은 영원자, 무한자, 절대자로서, 모든 피조세계를 무한히 초월하신다.

　　나) 하나님은 어떠한 이름이나 개념, 상징이나 언어로도 표현 불가능하다. 그러므로 하나님은 하나님이라는 그 이름까지도 초월하신다.

　　다) 따라서 하나님은 긍정의 표현으로는 설명할 길이 없으며, 다만 부정의 방법, 곧 via negativa의 방법으로밖에는 설명할 수 없다. 절대 초월의 하나님은 인간 지식의 부정, 앎의 부정, 생각과 상상의 부정, 즉 인간의 진정한 모름(무지) 속에 계시기 때문이다.

　　라) 하나님은 빛 자체이시지만 인간의 유한성과 무지에 대해서는 암흑으로 보인다.

마) 하나님을 만나기 위해서는 이 신적 어둠으로 들어가야 한다. 신적 어둠 속에서 인간의 이성과 모든 언어와 상상과 사유는 정지되고, 사라지며, 인간 영혼은 신의 손에 붙들리는 순수한 수동의 상태가 된다.

바) 이 피동의 상태는 인간 영혼의 가장 순수한 영적인 상태로서, 이것은 곧 궁극적인 황홀의 상태로 들어감을 의미한다.

(2) 하나님에 대한 참 인식에 이르는 길

가) 자신의 무지와 유한성에 대한 철저한 자각

나) 철저한 자기포기와 자기초탈(apatheia)에 의한 영혼의 정화

다) 하나님에 대한 갈망하는 사랑과 묵상, 곧 관상(contemplatio)

라) 하나님의 무한한 사랑의 체험과 자각과 소유

마) 성령의 내주에 의한 영적 각성과 영성화를 통한 하나님과의 연합(합일)

바) 하나님과의 신비한 교제와 접근과 합일을 이루게 하는 기도

(3) 기도에 대한 교훈 - 기도란

가) 우리 영혼이 하나님께 귀의하는 마음가짐

나) 하나님의 빛(사랑)을 우리 영혼에 받아들이는 수단

다) 우리의 생명과 영혼의 그 근원자에 대한 찬양 행위이며 탐구 행위

라) 따라서 하나님에 대한 탐구의 삶과 행위는 그 자체가 기도다.

마이스터 에크하르트(Meister Eckhart, 1260-1328)

14세기 독일 도미니크 수도회의 대표적인 영적 지도자, 신학자, 설교가, 신비가다. 그의 영적 사상은 100편에 가까운 그의 설교들에 주로 나타나 있다.

그에 따르면 하나님에게는 두 가지 면이 있다. (1) 하나님 자신의 본래 모습인 '신성(Godhead)'과 (2) 우주와 인간과 역사 안에서 활동하시는 하나님(God)이 바로 그것이다.

하나님의 본래 모습인 '신성'은 절대 초월자로서, 인간의 언어나 어떤 상징으로도 표현 불가능하다. 그리고 이것은 유한한 인간의 측면에서 볼 때, 어떠한 행동이나 활동도 없는 '무(太虛, Ultimate Nothing or Emptiness)'와 같은 실재다. 이 신성의 무활동성은 하나님의 절대 초월성, 침묵성, 심연성, 무성질성, 불가표현성, 불가지성(inconceivable, i.e. ineffable)을 통칭하는 개념이다. 이러한 절대 초월의 하나님은 긍정의 방법으로는 설명할 수 없으며, 부정의 방법(via negativa)과 영성, 곧 영적인 기도와 묵상과 초탈을 통해 이르게 되는 영혼의 정화에 의한 신비적 체험으로밖에는 알 길이 없다. 이러한 하나님(신성)은 영혼의 가장 깊은 차원에서 우리 영혼과 하나님이 만나는 '영적 섬광(divine spark)'에 의해 알려지게 된다.

4. 동방교회 영성의 핵심으로서의 신화

동방교회 영성의 보고는 18세기 말에 아토스 수도원의 니코데모스가 편집한 문헌집인 필로칼리아(Philokalia, 원뜻은 아름다움을 사랑함)인데, 여기에는 4세기 이후의 이집트 수도사들을 비롯하여 팔레스타인, 가이사랴, 시리아, 카파도키아, 소아시아 등에서 활동한 동방교회 영성가들의 주요 교훈들이 수록되었다. 여기에 '신화(神化, theosis)'의 개념이 풍부하게 나타나 있다.

(1) Theosis의 개념

신화, 곧 theosis란 인간이 신적인 존재로 되는 것을 의미한다. 이것은 개신교의 '성화(sanctification)'의 개념과 유비되는 것으로, 「동방정교회 개론」의 저자 대니얼 클렌데닌(Daniel Clendenin)은 다음과 같이 말하였다.

> theosis는 정교회의 중심적 주제요, 주된 목표이며, 주된 종교적 관념이다. 그것은 모든 사람이 애써 추구해야 할 목표, 즉 복의 종극점(telos)이다. 정교회에서 theosis는 기독교의 본질 그 자체다. 왜냐하면 하나님(말씀)이 인간이 되시고, 죽음의 상황에 이르기까지 낮추시고, 인간 상승의 길을 놓으시고, 피조물과 신이 연합하는 영원한 조망(vision)을 보여 주셨기 때문이다.(역서, p.205)

이레니우스를 비롯하여 고대 교부들의 공통된 기독론, 특히 화육(incarnation)의 목적에 대한 공통된 표현은 "하나님(말씀)이 인간이 되신 것은 인간을 자신과 같이 만드시기 위함이었다(God(logos) became man in order to make man as his likeness(god))."였다.

- 인간은 묵상, 영적 사색, 관상에 의해 신화된다.(Origen)
- 우리를 부르신 목적은 우리로 하나님처럼 되게 하기 위함이다. 성령은 본질상 하나님이시므로 사람을 신화시킨다.(St. Basil)
- 우리의 본성이 그리스도와 성령에 의해 하나님과 연합함으로 신화된다.(Gregory of Nyssa)
- 우리는 모두 신성에 '참여'하도록 부름 받았다. 그리스도는 본성상 신이지만, 우리는 신성에 참여함으로 신이 된다. 그리스도의 사역은 우리 안에 하나님의 형상을 회복시키고 신의 성품에 참여하게 하는 일이다.(Cyril of Alexandria)

(2) Theosis의 성서적 근거

시 82:6   내가 말하기를 너희는 신들이며 다 지존자의 아들들
            이라 하였으나

요 10:34-36 예수께서 이르시되 너희 율법에 기록된 바 내가 너희
            를 신이라 하였노라 하지 아니하였느냐 성경은 폐하
            지 못하나니 하나님의 말씀을 받은 사람들을 신이라
            하셨거든 하물며 아버지께서 거룩하게 하사 세상에
            보내신 자가 나는 하나님의 아들이라 하는 것으로 너
            희가 어찌 신성모독이라 하느냐

벧전 1:15-16 오직 너희를 부르신 거룩한 이처럼 너희도 모든 행실
            에 거룩한 자가 되라 기록되었으되 내가 거룩하니 너
            희도 거룩할지어다 하셨느니라

벧후 1:4   이로써 그 보배롭고 지극히 큰 약속을 우리에게 주사
            이 약속으로 말미암아 너희가 정욕 때문에 세상에서
            썩어질 것을 피하여 신성한 성품에 참여하는 자가 되
            게 하려 하셨느니라

벧전 2:9   그러나 너희는 택하신 족속이요 왕 같은 제사장들이
            요 거룩한 나라요 그의 소유가 된 백성이니

마 5:48   그러므로 하늘에 계신 너희 아버지의 온전하심과 같
            이 너희도 온전하라

요 17:17   그들을 진리로 거룩하게 하옵소서 아버지의 말씀은
            진리니이다

   17:19   또 그들을 위하여 내가 나를 거룩하게 하오니 이는 그
            들도 진리로 거룩함을 얻게 하려 함이니이다

   17:22   내게 주신 영광을 내가 그들에게 주었사오니 이는 우

	리가 하나가 된 것같이 그들도 하나가 되게 하려 함이
	니이다
17:23	곧 내가 그들 안에 있고 아버지께서 내 안에 계시어
	그들로 온전함을 이루어 하나가 되게 하려 함은 아버
	지께서 나를 보내신 것과 또 나를 사랑하심같이 그들
	도 사랑하신 것을 세상으로 알게 하려 함이로소이다
엡 4:24	하나님을 따라 의와 진리의 거룩함으로 지으심을 받
	은 새사람을 입으라
5:1	그러므로 사랑을 받는 자녀같이 너희는 하나님을 본
	받는 자가 되고

(3) 신화의 신비성

• 신화는 신비한 내용으로서, 말로 표현할 수 없다. 신화는 오직 그 복을 입은 자에 의해서만 정의될 수 있다.(Gregory Palamas)

• 신성에의 연합은 그 본질상 인지되거나 상상되거나 표현될 수 없다.(Maximus the Confessor)

(4) 범신론적 경향의 거부

   가) 인간의 신화는 절대적 변화가 아니라 상대적 변화다.

   나) 신화, 곧 신이 된다고 하여 인간성이 없어지는 것이 아니라 그 대로 유지된다. 인간은 신화 후에도 그 고유한 본성과 개인적 인 정체성(identity)이 남아 있다. 다만 성령으로 충만해 있을 뿐이다.

   다) 신화는 그리스도와의 연합(합일), 신성(성령)의 유입, 하나님 형상의 회복, 하나님 닮음의 획득 등으로도 표현된다. 따라서 신화의 동의어로는 변형, 연합 혹은 합일, 참여, 동참, 향상, 융화, 재결합, 양자 됨, 재창조 등이 있다.

라) Macarius는 신화를 결혼에 비유했다. 결혼으로 두 사람은 한 몸으로 결합하여 모든 것을 공유하지만, 각자는 여전히 자기 고유의 정체성을 유지하는 것과 같다.

마) Cyril of Alexandria는 신화에서의 하나님과의 결합을 불에 달궈진 쇠붙이에 비유했다. 불에 달궈진 쇠붙이는 색은 붉게 변했으나 그 본성은 변함없이 쇠다.

5. 타락에 대한 동방교회의 견해

(1) 아담의 타락은 죄의 상속보다는 오히려 죽음과 파멸을 가져왔다. 우리는 타락으로 자유를 완전히 상실한 것이 아니다. 모든 인간은 자기의 자유의지로 죄를 짓기 때문에 각자가 자신의 죄에 대해 책임이 있다.

(2) 죄는 우리의 자유의지에서 기원한다. 우리 각자는 자기 죄의 최초의 실행자다. theosis를 통하여 성령께서 우리를 거듭나게 하시고, 타락의 상태에서 원래의 상태로, 파멸의 운명에서 불멸의 운명으로, 인간의 아들에서 신의 아들(양자)로 변화시켜 주신다.(St. Basil)

(3) 서방교회의 믿음으로 의롭게 된다는 칭의(justification by faith)의 교리는 동방교회에서는 낯선 교리이며 중심 교리가 아니다. 칭의의 교리는 너무나 법률적 법정적 성격이 강하기 때문이다. 칭의와 성화는 오히려 신자의 영혼 속에서 역사하시는 성령의 활동에 의해 성취되는 신비한 내용이다.

6. 신화와 하나님의 형상

동방교회에서 신화는 하나님 형상의 온전한 회복을 의미한다. 하나님의 '형상(imago)'은 인간의 자유선택과 합리성의 능력을 의미하며, '닮음(similitudo)'은 영성, 곧 거룩성, 아가페 사랑, 불멸성을 의미한다. 형상은 하나님과의 유사성의 형식(static form)을 말하고, 닮음은 내용(dynamic content)을 말한다. 따라서 신의 형상이란 하나님을 닮아갈 수 있는 잠재성(potentiality)을 말하고, 닮음은 하나님 형상의 실현(realization)을 의미한다.

- 우리는 이성적이 됨으로써 하나님의 형상을 소유한다. 그러나 덕을 소유함으로써 하나님을 닮아간다. 우리는 하나님의 은혜와 자유의지의 닮음의 과정을 통하여 신화된다.(Gregory of Nyssa)
- 하나님의 말씀이 인간이 되셔서 자신을 인간 속에, 인간을 자신 속에 동화시킨다. 인간이 성자를 닮음으로 성부께 존귀한 자가 되게 한다. 하나님은 그리스도를 통하여 자신의 형상을 그대로 보여 주셨다. 보이는 말씀(그리스도, 하나님의 형상)을 통하여 보이지 않는 자신에게 동화시킴으로써, 자신과의 유사성을 재확립시킨다. 이런 동화 속에서 인간은 자연에서 은혜로, 신의 형상에서 닮음으로, 죄와 사망에서 신화를 통한 구원으로 인도된다.(Irenaeus)

7. 신화의 수단과 신인협동 및 구원의 성취

(1) 완전한 신화는 하나님 나라에서 온전히 성취된다. 그러나 그리스도인의 현재의 삶에서 시작되고 성취되어 간다.
(2) Philokalia(동방교회의 영적 안내서)는 신화의 중요한 안내서이며,

도구다. 이 문헌집은 동방정교회 영성의 공통점인 신인협동론 (Synergism)의 표현, 즉 창조, 타락, 구속으로 이어지는 구원의 파노라마를 제공한다.

(3) 동방교회에서 신화(theosis)는 세계관의 중심에 위치한다. 그 이유는 신화가 하나님의 창조의 궁극적 목적이기 때문이다.

(4) Philokalia는 하나님의 은혜와 인간의 노력의 협동 혹은 협력관계를 분명히 보여 준다.

(5) 신화는 인간의 노력 위에 하나님의 은혜와 그에 대한 믿음에 의해 성취된다.

(6) 구원은 은혜로 주어지는 것이며, 성령의 은사다. 그러므로 완전한 덕을 위해서는 먼저 믿음을 소유해야 한다. 그러나 우리의 자유의지를 고결하게 사용하기 위해 노력할 필요가 있다. 우리의 노력은 전적으로 배제된 채, 오직 하나님의 권능과 은혜로 영적 성숙의 최고 단계에 도달할 수는 없다. 또한 하나님의 도우심 없이 인간의 노력만으로 최종의 자유와 정결을 얻지도 못한다(시 127:1-4). 따라서 행함이 없는 믿음, 믿음이 없는 행함, 양쪽 다 거부되어야 한다.(Macarius)

(7) Philokalia는 인간의 노력을 'nepsis'로 요약하는데, 이것은 경성(깨어 있음), 강렬함, 열성, 집중, 영적 각성 등을 의미한다. 곧 영적 투쟁을 뜻하는 것이다. 정욕과 사악한 것(악마와 사탄의 세력)과의 결투, 금욕, 금식, 철야, 기도, 눈물의 기도, 회개 등을 통해 마음의 평온(내적 고요)과 하나님과의 연합에 이르게 된다.

(8) 에바그리우스(Evagrius)의 고요의 학(science of stillness), 관상, 예수 기도(내면의 기도)도 중요한 요소다. 이것은 결국 세상적인 것으로부터의 초탈(detachment)인데, 초탈이란 세상의 먼지에 굽실거리

는 일, 공허한 일상, 유행을 좇는 어리석음, 현대 문명의 수치를 모르는 뻔뻔스러움 등에서 자신을 멀리하는 일이다.

(9) 신화를 위해서는 성찬(예배) 참여를 충실히 해야 한다. 그리고 영적인 스승의 안내와 도움을 받을 필요가 있다. 또한 하나님의 명령에 순종해야 한다. 그러나 신화에서 무엇보다 중요한 것은 사랑을 덧입는 것이다. 사랑이야말로 인간을 신이 되게 한다. 신화는 성직자나 수도자만이 아니라 모든 신도들에게 요구되는 것이다.

8. 동방교회 영성과 창조 영성

동방교회 영성은 기본적으로 창조 영성을 포함한다. 하나님은 만유에 대해 전적으로 초월적이면서 또한 전적으로 내재적인 점을 암시하는 것이다.

(1) 이레니우스 : 하나님(창조주)과 만물(피조물) 사이에는 우리의 인식을 초월하는 신비한 관계가 있다.

(2) 닛사의 그레고리 : 창조세계는 하나님의 휘장(옷자락)이다. 창조세계는 영원한(영적인) 나라(대우주)의 이미지(image, 소우주)다.

(3) 아레오파지트의 디오니시우스와 고백자 맥시므스 : 하나님과 우주 만물은 긴밀하게 연결되어 있다.(이들은 하나님이 만유 안에 계시고, 만유가 하나님 안에 있는 범재신론적(panentheistic) 견해를 보인다.)

9. 에바그리우스의 기도론
   - Philokalia에 수록된 글 중에서

4세기에 이집트 광야에서 활동한 사막의 교부이며, 동방교회 영성의 중심인물 중 하나인 에바그리우스(Evagrius)는 특히 기도 신학/기도 영성에 크게 기여하였다.

(1) 기도는 지성과 하나님의 교제다. 기도란 지성이 하나님께 올라가는 것이다.

(2) 만일 감각과 개념을 초월하시는 하나님과 교제하기를 원한다면 모든 정욕적인 생각에서 해방되어야 한다.

(3) 먼저 눈물의 은사를 달라고 기도하라. 눈물로 기도하면 구하는 모든 것이 응답될 것이다. 우리가 눈물로 기도할 때 주님은 크게 기뻐하신다.

(4) 기도는 온유함의 꽃이며, 노여움으로부터의 자유의 꽃이다. 마음에 원한과 불평을 쌓아 둔 사람은 구멍 뚫린 물통에 물을 담는 사람과 같다.

(5) 기도는 기쁨과 감사의 열매이며, 우울함과 낙담의 치료제다.

(6) 소원 성취를 위해 기도하지 말라. 왜냐하면 당신의 소원이 하나님의 뜻과 일치하지 않을 수 있기 때문이다.

(7) 하나님 외에 선한 것은 없다. 모든 것을 하나님께 맡기면 모든 것이 잘될 것이다. 선하신 하나님은 본성상 선한 선물을 주시기 때문이다.

(8) 하나님의 사랑을 누리며, 그분과 교제하는 것보다 좋은 것은 없다.

(9) 집중하여 행하는 기도는 지성이 발휘하는 최고의 작용이다.

(10) 먼저 정념들을 정화시켜 달라고 기도하라. 두 번째로 무지와 망각에서 구해 달라고 기도하라. 세 번째로 모든 유혹과 시험과 태만에서 구해 달라고 기도하라.

(11) 기도할 때 오직 하나님의 나라와 그의 의를 구하라. 즉 덕과 영적 지식만 구하라. 그리하면 모든 것이 주어질 것이다.(마 6:33)

(12) 기도할 때 당신이 하나님 앞에 서 있는지, 아니면 사람의 칭찬을 듣기 위해 장황하게 기도하는지 살펴보라.

(13) 기도의 상태는 일종의 무정념의 상태다. 그것은 지혜를 갈망하는 지성을 뜨거운 사랑에 의해 '순수지성(영지, gnosis)'의 영역으로 인도한다.

한국교회의 영적 갱신을 위한
영성 에세이

1. 기독교 복음 새로 이해하기

그러므로 예수께서 자기를 믿은 유대인들에게 이르시되 너희가 내 말에 거하면 참으로 내 제자가 되고 진리를 알지니 진리가 너희를 자유롭게 하리라 (요 8:31-32)

예수님은 새 술은 새 부대에 담아야 한다고 말씀하셨다. 예수님의 복음은 전적으로 새로운 진리이기 때문에, 의식과 율법을 최고로 여기는 유대교의 사고 양식으로는 바로 수용할 수도, 이해할 수도 없다고 보신 것이다. 즉 예수님의 복음을 바로 이해하기 위해서는 새로운 마음가짐, 수용 태도가 필요함을 말씀하신 것이다.

우리는 21세기에 들어서 있다. 21세기는 지난 세대와는 매우 다르다. 우주 과학 시대, 지구촌 시대, 모든 지식과 정보의 공유 시대, 즉 지구촌의 모든 인종이 함께 생각하고 함께 느끼며, 서로 교감을 나누고, 서로 영향을 주고받으며 살아가는 시대다. 화이트헤드는 이것을 만유의 '상호연대성 (nexus, inter-relatedness)' 이라고 명명했다. 즉 오늘의 시대는 인간을 포함한 모든 존재, 곧 우주 만물이 서로 영향을 주고받으며 살아가는 우주 공동 체적 시대라는 말이다.

타인의 동의나 이해를 얻지 못하고 자신만 옳다고 주장하는 독선주의 자나 독불장군은 존재할 수 없는 시대가 된 것이다. 그러므로 이제 기독교 복음도 세상의 많은 사람들에게 동의를 얻고 공감대를 형성할 수 있는 방향으로 재해석되고 재이해되며 재설명되어야 할 시점에 와 있음을 깨달아야 한다.

기독교는 지금까지 예수의 이름만 부르면 구원을 받는다고 강조해 왔다. 그것은 성경에 기록된 "누구든지 주의 이름을 부르는 자는 구원을 얻는다."는 말씀을 문자적으로 해석한 것이다. 구원이라는 말을 너무나 쉽게, 문자적으로만 이해한 것이다. 이 말을 세상 사람들은 이해하지도, 공감하지도 못한다. '어떻게 예수의 이름만 부르면 구원을 받는가? 거짓말을 밥 먹듯이 하고, 남을 속이는 일을 다반사로 하는 사람도 예수의 이름만 부르면 구원을 얻는다는 말인가?' 그들의 이런 반문은 우리를 참 난감하게 한다.

예수님도 구원의 문제에 대해서는 매우 신중한 태도를 보이셨다. 그 한 예가 마태복음 5장 20절이다. "내가 너희에게 이르노니 너희 의가 서기 관과 바리새인보다 더 낫지 못하면 결코 천국에 들어가지 못하리라." 또 다른 예는 "나더러 주여 주여 하는 자마다 다 천국에 들어갈 것이 아니요." 라는 말씀이다. 구원이라는 말을 너무 쉽고 안이하게 해서는 안 되는 이유가 여기에 있다. 많은 기독교인들과 기독교 지도자들은 이 말씀을 모르는 체 덮어 두려 한다. 위의 말씀에서 예수님이 언급하신 '의'는 하나님과 사람들, 그리고 자기 자신 앞에서 진실함, 거짓 없음, 정직함, 옳음을 의미하는 것이다.

또한 예수님은 마태복음 5장 6절에서 "의에 주리고 목마른 자는 복이 있나니 그들이 배부를 것임이요."라고 말씀하셨다. 주리고 목마르다는 것은 갈급함과 절박함을 표현하는 것이다. 그러므로 주리고 목마른 자가 먹을 것을 찾듯이 의를 사모하라는 말씀은 '모든 것에 우선하여', '필사적으로' 하라는 것이다. 즉 하나님의 의 또는 공의/정의, 곧 진리를 사모하고 추구하는 일을 모든 것에 우선하여, 필사적으로 하라는 말씀이다. 왜냐하면 하나님은 언제나 '의인'을 찾으시며, 또한 하나님의 최대 관심사는 과거 현재 미래의 구분 없이 언제나 의인, 곧 거짓 없는 진실한 사람, 즉 진리의 사람이기 때문이다. 이렇게 하나님이 의인에 관심하시는 이유는 하나님 자신이 바로 진리의 하나님, 의의 하나님이시기 때문이다.

1960년대에 충격적인 사건이 하나 있었다. 그것은 아주 조그만 책자의 출현이었다. 책의 제목은 "하나님 앞에 솔직히(Honest to God)"였는데, 그 안에 이런 구절이 있었다. "하나님, 정말 솔직히 말씀드리면, 당신이 정말 살아 계신지 의심스럽습니다." 그런데 정말 충격적인 것은 이 책의 저자였다. 그는 영국 성공회의 최고로 존경받는 감독이었고, 전 유럽뿐 아니라 전 세계 기독교계에서 영적 지도자로 추앙받는 분이었기 때문이다. 그의 이름은 로빈손이었다. 그는 비록 사람들에게 받던 존경과 추앙을 한순간에 모두 잃어버리고, 반대로 경멸을 받고 명예가 추락한다 할지라도 하나님 앞에서 솔직하고 정직해야 한다고 믿고 고백한 것이다. 예상과는 달리 책이 출간되고 난 후, 그는 사람들에게 경멸을 받는 대신 더 많은 존경을 받게 되었다. 그의 정직함이 사람들을 감동시켰기 때문이었다.

기독교는 지금까지 사랑만을 강조해 왔다. 그래서 전 세계 사람들에게 사랑의 복음을 전하는 선교에 앞장서 왔다. 물론 기독교가 사랑의 종교인 것은 틀림없는 사실이다. 왜냐하면 하나님은 무한한 사랑의 하나님이시고, 또한 예수님도 사랑을 위해 자기 생명까지 주셨기 때문이다. 그런데 한 가지 중요한 것, 간과하고 등한시한 것이 있다. 그것은 바로 예수님이 그렇게 중요시한 진리, 진실, 즉 의로움의 측면이다. 그 결과 반쪽 그리스도인, 사이비 그리스도인, 엉터리 그리스도인, 사기꾼 그리스도인, 사기꾼 기독교 기업가, 사기꾼 대기업 총수, 사기꾼 영적 지도자 등이 출현하고 양산되게 된 것이다. 오늘날 교계에서 일어나는 모든 불미스러운 사건은 예수님이 관심하신 진리의 측면을 바로 이해하지 못하고, 또한 강조하지 못했기 때문이다. 만일 이대로 그냥 간다면 기독교, 특히 개신교는 하나님과 사람들에게 외면당하는, 즉 송두리째 침몰해 버리고 말 수도 있다는 사실을 명심해야 한다.

예수님은 분명히 말씀하셨다. "너희가 내 말에 거하면 참으로 내 제자가 되고 진리를 알지니 진리가 너희를 자유롭게 하리라." 자유롭게 한다는 말은 온전한 해방을 얻고, 모든 죄악의 속박에서 벗어나며, 진정한 자유를 획득하는, 곧 참된 구원을 받는 것을 의미한다. 우리가 구원을 받는 길은 예수님을 믿음으로, 진리이신 예수님을 통하여 진리이신 하나님을 온전히 알고, 또한 그 진리이신 하나님과 연합됨으로, 진리의 사람이 됨으로 참 구원을 받는다는 말씀이다. 따라서 이것은 곧 진정한 의미의 구원은 진리로 인하여, 진리로 말미암아, 진리에 의해 온다는 말씀이기도 하다. 요컨대 우리가 구원을 받는 것은 바로 진리에 의해서라는 말이다. 왜냐하면 우리의 믿음의 대상인 하나님도 진리요, 예수님도 진리요, 성령도 진리의 영이기 때문이다. 그런 점에서 기독교를 가장 정확히 정의하면 진리의 종교, 진리를 추구하는 종교라고 해야 옳을 것이다.

예수님은 자신이 길이요 진리요 생명이니, 자신으로 말미암지 않고는 아버지께로 올 자가 없다고 말씀하셨다. 이것은 진리인 자신을 통해 진리이신 하나님을 온전히 알게 된다는 말씀이다. 바꾸어 말하면, 진리인 자신을 통하지 않고는 진리이신 하나님을 올바르게/온전하게 알 수 없다는 말씀이기도 하다. 또한 "너희가 내 말에 거하면 참으로 내 제자가 되고 진리를 알지니 진리가 너희를 자유롭게 하리라."는 말씀은 우리가 예수님을 통해 진리이신 하나님을 올바로 알고, 그 진리의 하나님과 온전히 하나로 연합됨으로 모든 거짓을 버리고 정직하고 진실한 진리의 사람이 될 때, 참 자유와 참 구원을 얻는다는 말씀이다.

그런 점에서 이 말씀은 곧 예수님의 구원론/구원관, 즉 구원의 방법론에 해당된다고 말할 수 있다. 즉 진리가 우리를 자유롭게 한다는 말씀은 진리가 우리를 구원한다, 진리에 의해 구원받는다는 말씀이다. 그러므로 구원은 단순히 또는 막연하게 믿음으로가 아니라 좀 더 구체적으로 표현하여 진리로 받는다고 해야 더 정확한 표현인 것이다. 왜냐하면 믿음으로 구원받는다는 말은 너무 모호하거나 광범한 표현이며, 또한 믿음의 종류도 너무 많을 뿐 아니라 엉터리 믿음이 무수히 존재하기 때문이다. 우리는 주변에서 이러한 위선적인 믿음, 혹은 잘못된 믿음을 얼마든지 볼 수 있다.

예수님은 좋은 나무라야 좋은 열매를 맺을 수 있다고 말씀하셨다. 좋은 열매는 사랑의 열매일 것이다. 좋은 나무는 선하고 진실한 사람, 곧 '진리의 사람'을 의미한다. 예수님의 복음 운동의 중심에는 진리이신 하나님을 바로 알고, 바로 믿고, 그분과 바르고 깊은 관계를 가지며, 그분과 연합하고 하나를 이루는 참 신앙에 이름으로써, 그런 참 신앙을 통해 진리의 사람이신 예수님처럼 우리도 진리의 사람이 되는 영성 운동, 곧 진리 운동이 자리 잡고 있는 것이다. 그런 면에서 예수님의 복음 운동은 사랑 운동 이전에 진리 운동이라고 말할 수 있다. 따라서 진리 운동은 사랑 운동에 선행한다고 결론지을 수 있다.

이제 우리는 이제껏 소홀히 한 (예수님의) 진리 운동을 새롭게 전개해야 한다. 침체의 늪에 빠진 한국교회를 살리는 첩경은 바로 예수님의 복음 운동의 핵인 진리 운동을 재조명하고 '모든 일에 우선하여' 전개하는 일이다. 왜냐하면 진리만이 우리를 질식시키고 답답하게 하는 모든 속박의 끈을 깨쳐 버리고 새로운 희망과 광명의 길로 인도해 줄 수 있기 때문이다. 그러면 진리 운동은 어떻게 누구부터 시작해야 하는가? 바로 나부터, 우리 가정부터, 그리고 우리 교회부터 시작해야 한다. 또한 진리 운동은 바로 나 자신의 진리의 사람 되기와 진리 말하기에서 시작해야 한다. 즉 다른 사람이 아닌 나 자신이 그 시작점이 되어야 한다.

예수님은 진리가 우리를 자유롭게 한다고 분명히 말씀하셨다. 즉 진리가 우리를 이 세상의 모든 불의와 악의 세력에서 자유롭게 함과 동시에, 참 해방과 기쁨과 만족과 희망과 생명력을 준다는 말씀이다. 한마디로 진정한 구원은 진리로 말미암아 온다는 말씀이다. 이것은 이 세상 누구도 부인할 수 없는 보편적인 진리다. 예수님의 복음, 곧 기독교 신앙은 바로 이런 깊은 진리, 곧 모든 사람이 공감할 수 있는 보편적인 진리를 가지고 있는 것이다. 이제 우리는 21세기 이 지구촌 시대에서 기독교 신앙의 가장 고귀하고 깊은 측면을 새롭게 이해하고, 이 진리 운동을 새롭게 전개함으로써 깊은 침체에 빠진 교회들을 그 늪에서 건져냄과 동시에, 우리 교회와 우리 자신의 신앙을 한 단계 더 성숙시키고, 그렇게 함으로써 기독교 신앙의 깊은 측면을 온 세상 사람들에게 널리 알리는 역할을 해야 할 것이다.

2. 요한복음의 성령론

성령에 대한 언급은 신구약성서 전체에 걸쳐 많이 있지만, 성령이 특히 어떠한 영인지에 대한 언급은 요한복음(14-16장에서 예수님이 말씀하신 것) 외에는 거의 찾아볼 수 없다. 그 이유는 아마도 성령을 정확히 정의내릴 수 있는 분은 성령과 같은 본질이신 예수님 외에는 없기 때문일 것이다. 그런데 이 사실은 우리가 성령을 바로 이해하고, 그에 관련된 다른 진리들을 이해하는 데 매우 중요하다. 왜냐하면 성령을 바로 이해하는 일은 기독교 신앙의 본질을 바로 이해하고, 또한 새롭게 이해하는 데 매우 중요한 계기와 단서가 될 수 있기 때문이다.

즉 성령을 바로 이해하면 삼위일체의 신비, 곧 하나님, 예수 그리스도, 성령의 본질과 그들의 하나 됨(통일성), 그리고 그 각각의 역할의 의미를 바로 이해할 수 있다. 그렇게 되면 기독교 신앙의 진수를 한층 깊고 새롭게 이해할 수 있게 된다. 왜냐하면 기독교 신앙의 기본 진리들은 서로 밀접하게 연결되어 있기 때문이다. 그러면 성령에 관해 요한복음에 어떻게 기록되어 있는지 살펴보기로 하자.

• 내가 아버지께 구하겠으니 그가 또 다른 보혜사를 너희에게 주사 영원토

록 너희와 함께 있게 하리니 그는 진리의 영이라 세상은 능히 그를 받지
못하나니 이는 그를 보지도 못하고 알지도 못함이라 …… 보혜사 곧 아
버지께서 내 이름으로 보내실 성령 그가 너희에게 모든 것을 가르치고
내가 너희에게 말한 모든 것을 생각나게 하리라 (요 14:16-17, 26)

- 내가 아버지께로부터 너희에게 보낼 보혜사 곧 아버지께로부터 나오시
  는 진리의 성령이 오실 때에 그가 나를 증언하실 것이요 (요 15:26)
- 그러나 진리의 성령이 오시면 그가 너희를 모든 진리 가운데로 인도하시
  리니 그가 스스로 말하지 않고 오직 들은 것을 말하며 장래 일을 너희에
  게 알리시리라 (요 16:13)

위의 말씀들에서 예수님이 정의하신 성령은 어떤 영인지 살펴보자.

(1) 성령은 '진리의 영'이다.
(2) 성령은 하나님 아버지께로부터 나오는 영이다.
(3) 성령은 예수님이 자기의 이름으로 보내시는 영이다.
(4) 성령은 예수님과 더불어 또 하나의/다른 보혜사(위로자)로서 성도
    들을 깨우치고 인도하며 돕는 영이다.
(5) 성령은 영원토록 성도들과 함께 계시는 영이다.
(6) 성령은 진리의 영이기에 이 세상 사람들은 받지도 보지도 알지도
    못한다.
(7) 성령은 모든 깊은 진리를 가르치고(알게 하고), 특히 예수님이 가르
    쳐 주신 복음/진리의 내용들을 생각나게(기억하게) 한다.
(8) 성령은 스스로 말하지 않고 (하나님과 예수님에게) 들은 바를 말하
    며, 장래 일을 알게 한다.
(9) 성령은 진리이신 예수님에 대해 증거하며, 바로 알게 한다.

(10) 성령은 성도들을 모든 진리 가운데로 인도한다.

위의 말씀들에서 특히 주목해야 할 것은 성령은 근본적으로 진리이신 하나님께로부터 나오는 영으로서, 성령의 본질은 하나님과 동일한 '진리'이며, 따라서 성령은 곧 '진리의 영'이라는 점이다. 그리고 '진리의 영'으로서의 성령은 성도들을 모든 진리 가운데로 인도하는 영이라는 점이다.

다시 말하자면 성령은 근원적으로 진리이신 하나님께로부터 오는 영으로서 그 본질은 '진리(Truth)', 곧 '진리의 영(Spirit of Truth)'이다. 따라서 진리의 영으로서의 성령은 진리 자체이신 하나님과 그의 아들이시며, 동시에 진리이신 예수 그리스도가 어떤 분인지를 바로 이해하는 데 결정적인 역할을 한다. 또한 이 진리의 영인 성령은 성도가 모든 깊은 영적 진리를 깨달아 알게 하며, 동시에 하나님이 기뻐하시는 삶, 곧 진리의 삶을 살게 하는 보혜사, 곧 영적 도우미(진리의 도우미)라는 것이다.

위의 말씀들에서 볼 수 있는 예수님의 성령관에 따르면, 성령은 인간의 '진리 인식(knowing the Truth)'의 가장 중요한 수단이다. 다시 말하면 성령은 인간들/성도들에게 예수님의 복음의 진수를 정확히, 그리고 깊이/온전히 깨닫게 하는 하나님의 가장 귀중한 은혜의 수단이다. 그런 점에서 성령은 '초월적 지혜의 영(Spirit of Transcending Wisdom)'이라고 말할 수 있겠다. 따라서 성령은 성도들에게 이 세상에 살면서 꼭 알아야 할 진리들, 특히 구원에 필요한 영적 진리들을 올바로 깨닫고 알게 하는 영적 교사 및 인도자가 되는 것이다.

이러한 깊은 내용들이 바로 "진리의 성령이 오시면 그가 너희를 모든 진리 가운데로 인도하시리니(요 16:13)."라는 말씀에 함축되어 있다. 요컨 대 예수님의 성령관에 따르면, 성령은 인간/그리스도인의 진리 인식, 곧 진리를 깨닫게 하시는 하나님의 최상의 은혜의 선물이며 수단으로서, 진리 인식의 최상의/궁극적인 도우미임을 알게 된다. 이런 점에서 볼 때 예수님의 성령관, 즉 그의 성령 이해는 사도행전 2장에 기록된 은사적 성령관보다 한층 심오한 면이 있음을 발견하게 된다.

이러한 성령의 신비, 즉 신비 지극하신 하나님에 대해, 또한 그의 오묘한 구원 계획들을 깨달아 알게 하시는 성령의 역할에 대한 이치를 깊이 간파한 사도 바울은 다음과 같이 말했다.

> 기록된 바 하나님이 자기를 사랑하는 자들을 위하여 예비하신 모든 것은 눈으로 보지 못하고 귀로 듣지 못하고 사람의 마음으로 생각하지도 못하였다 함과 같으니라 오직 하나님이 성령으로 이것을 우리에게 보이셨으니 성령은 모든 것 곧 하나님의 깊은 것까지도 통달하시느니라 사람의 일을 사람의 속에 있는 영 외에 누가 알리요 이와 같이 하나님의 일도 하나님의 영 외에는 아무도 알지 못하느니라 우리가 세상의 영을 받지 아니하고 오직 하나님으로부터 온 영을 받았으니 이는 우리로 하여금 하나님께서 우리에게 은혜로 주신 것들을 알게 하려 하심이라 (고전 2:9-12)

위의 말씀에 나타난 사도 바울의 성령관의 핵심도 진리 인식에 초점이 맞추어져 있음을 알 수 있다. 즉 성령은 하나님께서 인간에게 내려 주시는 그의 은혜의 가장 귀중한 수단으로서, 신비 지극하신 하나님과 그의 창조와 구원 계획과 같은 깊은 진리들을 알게 하시고 깨닫게 하시는 '진리 인식'의 최고 수단이라는 것이다. 그런 점에서 사도 바울의 성령관은 예수님의 성령관과 근본적으로 일치한다고 할 수 있겠다.

한국교회는 지난 100여 년 동안 사도행전 2장에 기록된 은사적 성령운동에 치중해 온 것이 사실이다. 즉 성령을 받으면 방언과 입신을 하고, 병 고치는 은사를 받는 등 어떤 능력을 받는 일에 강조점을 두어 왔다. 반면 성령이 진정 어떤 영인지, 즉 성령의 본질이 무엇인지를 분명히 가르치고 강조하는 일은 간과한 것이 사실이다. 다시 말하면 예수님이 알려 주시고 정의 내려 주신 대로, 성령이 곧 진리의 영이라는 사실을 제대로 알리고 강조하지 못했다는 것이다. 어떤 의미에서 한국교회가 침체의 늪에 빠진 결정적인 이유가 바로 여기에 있다고 말해도 무방할 것이다. 즉 예수님이 전개하신 진리의 성령 운동, 곧 바른 성령 운동을 제대로 하지 못했다는 말이다. 그러므로 앞으로 한국교회는 바른 성령 운동, 즉 진리의 성령 운동을 바르게 이해하고 또한 힘 있게 전개함으로써, 사회로부터 외면당한 채 침체의 늪에 빠진 교회들을 건져냄과 동시에 새로운 도약의 길을 찾아야 할 것이다.

3. 교회 갱신과 신학 교육의 재고

오늘날 한국의 교회, 특히 개신교회의 안팎에서 들리는 소리는 교회의 위기론이다. 교회의 정체 현상, 젊은 층의 교회 이탈, 개신교에 대한 사회의 신뢰 저하의 징표들이 여기저기서 감지된다. 이것은 지난 반세기 동안의 한국 개신교의 발자취인 교회의 난립과 보수주의를 기치로 한 극도의 분열상과 무속적 기복신앙의 만연, 그리고 교회의 교권화, 세속화(세속주의에의 편승), 물량화와 그로 인한 교회의 타락과 목회자 및 평신도들의 윤리의식 상실 등에서 그 원인을 찾을 수 있을 것이다. 그러나 무엇보다 중요한 원인은 지난 반세기 동안 한국교회가 교회의 양적(외형적)인 성장에만 지나치게 집착한 나머지, 내면적(질적) 성장과 그리스도인들의 진지한 영성 생활의 길, 즉 기독교 신앙의 생명인 바른 '영성'에 충분히 접근하지 못하고 표피에 머물러 있거나 또는 등한시한 결과라고 말할 수 있을 것이다.

한국교회는 지난 반세기 동안 세계가 놀랄 만한 성장을 이룩한 것이 사실이다. 세계 각국에 많은 선교사들을 보냈고, 세계가 주목할 만한 대형 교회와 기도원들이 세워졌으며, 교회마다 새벽기도회가 행해지고, 대부분의 교회에서는 1년에 한두 번씩 부흥회가 열리고, 여기에 아직까지는 그래도 많은 교인들이 예배에 참석하며 또한 열심히 기도하고 있다. 그러나 시간이 갈수록 교회마다 열기가 식고 힘을 잃어 가는 현상을 보인다는 것이 일반적인 견해요, 피부로 느껴지는 상황이다. 일부의 사람들은 한국의 개신교회는 내부적으로 극도로 부패하고 변질되어 교회로서의 생명이 꺼져 버림으로써, 이제 더 이상 사람들에게 영적인 감화를 줄 수 없게 되었으며, 따라서 우리 사회를 정화하고 이끌어 갈 힘을 완전히 상실해 버렸다는 비관론을 말하기도 한다.

일찍이 20세기의 순교자 디트리히 본회퍼는 현대교회의 세속화와 타락과 침체의 근본 원인이 오늘날 교회가 주님의 생명의 대가로 이룩된 가장 귀중한 값비싼 은혜(costly grace)를 값싼(싸구려) 은혜(cheap grace)로 헐값으로 남발하는 일이라고 지적하였다. 그에 따르면 값싼 은혜의 남발이란 철저한 회개 없이도 예수의 이름만 부르고 믿기만 하면 죄가 사해지고 구원을 받는다고 선전하고, 십자가를 지고 주님을 따르는 제자 됨 없이도 의롭게 된다고 말하며, 또한 값싼 축복을 아무 때나 남발하는 일이라고 경고한 바 있다. 본회퍼의 이러한 지적과 경고는 오늘의 한국교회의 실상과 실정에 가장 잘 맞는 말로 느껴진다.

그러면 한국교회가 이러한 위기 상황으로 오게 된 가장 근본적인 원인은 무엇이며, 또한 그 치유책은 무엇인가? 필자는 그 근본 원인을 일차적으로는 목회자들의 기독교 영성에 대한 몰이해 또는 편협한 이해에 있다고 보며, 그보다 더 근원적인 원인은 목회자를 길러내는 신학교와 신학 교육에서의 영성신학적 빈곤과 '영성 함양(spiritual formation)'의 결핍과 무관심 또는 배제에서 왔다고 본다. 원래 신학 교육은 영적 지도자 양성을 목표로 하기 때문에 신학생들의 영성 함양(영성 훈련)을 가장 중요한 과제로 하여야 한다. 그러기에 신학 교육은 수도원에서 시작된 것이며, 또한 신학교를 선지학교라고 칭하는 이유가 바로 여기에 있는 것이다.

신학교는 왜 존재하며, 신학 교육은 무엇을 목표로 하는가? 신학교는 이 시대의 선지자(예언자), 곧 영적 지도자를 양성하는 기관이다. 신학교 또는 신학 교육은 단순히 설교나 상담을 비롯한 목회 기술을 습득시키는 기술 교육 기관이 아닌 것이다. 하나님의 교회를 섬기는 일, 즉 목회란 인간의 영혼, 즉 각 인간의 영적 생명을 좌우하는 중대한 사명이 있기 때문에, 목회자의 '영성 함양(spiritual formation)'이 그 무엇보다도 중대한 것이다. 따라서 진지한 영성 함양의 뒷받침이 없는 신학 교육은 잘못하면 비영성적인 목회자 혹은 삯군 목회자 양성 기관으로 전락할 수 있다. 그런데 불행스럽게도 과거 한국의 신학교와 신학 교육은 미래의 목회자들인 신학생들의 영성 함양에 깊이 관심하지 못하였으며, 또한 영성신학에 기초한 신학 교육을 충분히 실행하지 못한 것이 사실이다. 따라서 앞으로의 신학 교육은 일차적으로 신학생들의 영성 함양과 함께 영성신학에 지대한 관심을 가져야 할 것이라고 생각한다.

    지난 17세기와 18세기에 유럽의 개신교회들이 비생산적인 교리 논쟁과 신앙 해이 등으로 깊은 침체의 수렁에 빠져들고 있을 때, 독일의 루터파 목사인 야콥 스페너(Jacob Sperner, 1635-1705)는 「경건한 소원(Pia Desideria)」이라는 책을 통해 새로운 교회 갱신 운동을 전개하여 근대의 경건주의(pietism)를 탄생시킴으로써, 서구교회 전반에 새로운 활력소를 제공하였다. 그는 교회 갱신의 가장 중요한 방법을 영성신학에 기초한 신학 교육에 두었다. 그에 따르면 목회자의 직무는 사람들을 하나님의 길로 인도하는 더없이 막중한 것이므로, 신학 교육은 반드시 경건(영성) 훈련이 수반하는 교육이 되어야 하고, 따라서 교육과정도 단순한 이론적 신학 지식의 전달이 아니라 영성가들의 사상과 저술들을 교과 내용에 반드시 포함시켜야 한다고 주장하였다.

    그러면 한국교회의 새로운 도약과 갱신을 위한 미래의 신학 교육의 방향은 어떠해야 하는가? 필자는 그것을 네 가지로 요약해 말하고 싶다. 첫 번째는 지금까지 등한시해 왔던 신학생들의 영성 함양에 초점을 두는 신학 교육을 실행하는 일이다. 그러기 위해서는 현재의 교육과정에 영성 훈련을 포함한 영성신학 과목을 매학기 필수과목으로 추가하여 신학생들에게 풍부한 영성 함양의 기회를 제공해야 한다. 이와 아울러 현재의 성서신학 조직신학 역사신학 실천신학 등과 같은 신학 전공과목들에 영성신학을 추가하는 것도 매우 중요한 일이다.

    두 번째는 영성신학이라는 학과를 기독교 교육학과 종교철학 및 상담학과와 같은 하나의 독립 학과로 신설하여 영성신학 전공자들이 목회자로서 전문적인 영성 세미나 인도자, 부흥회 인도자, 또는 전문적인 영성 훈련 지도자가 되게 하는 일이다.

    세 번째는 신학교 지원생을 일생동안 하나님의 종으로 헌신하고자 하는 사람들로 제한하는 일이다. 이를 위해서는 앞으로 개신교회도 성직자의 자격을 가톨릭과 성공회와 개신교회의 성직자의 자격 조건을 절충하는 방법을 도입할 필요가 있다고 생각한다. 그 절충 방법이란 개신교의 성직자들도 결혼은 하되 자녀를 갖지 않는 방법을 권장하는 일이다. 성직자/목회자가 자녀를 갖지 않는 일은 하나의 큰 희생과 포기를 의미한다. 하나님의 종으로 일생을 헌신하고자 하는 자들의 이런 희생은 아름다운 것이며, 또한 하나님께서 기뻐하시는 일이 아닐까? 또한 성직자들이 자녀를 갖지 않을 때, 다음 세 가지 이점이 있다. 즉 경제적인 부담과 양육의 책임에서 해방시켜 주고, 모든 시간을 성서 연구와 양들을 돌보는 목양에 전념할 수 있게 하며, 교회와 교인들의 경제적 부담을 덜어 주는 것이다.

네 번째는 아주 파격적이고 새로운 제안으로서, 영성신학을 전문으로 교육하는 〈영성신학 전문 특수 대학원〉을 설립하는 일이다. 영성신학 전문 특수 대학원은 반 수도원적 성격을 띤 교육 시스템으로서, 성서에 기초하여 기독교 역사 전반에 걸친 뛰어난 영성가들의 삶과 사상과 함께, 기독교 영성 전반의 이론과 실제(훈련)를 동시에 가르쳐 이 시대의 예언자적 역할을 능히 감당할 수 있는 목회자(영적 지도자) 양성을 목표로 하며, 동시에 일선 목회자들에게 영성신학에 의한 재교육과 영성 함양 및 재충전의 기회를 제공하고, 또한 일반 신학대학교와 신학대학원 졸업자들의 계속 교육과 영성 교육, 그리고 수련 목회자 또는 목회 후보자 및 예비 선교사들의 영성 교육과 훈련 등을 담당하게 한다.

이와 병행하여 이 교육 기관은 부설 기관으로 〈평신도 영성 훈련원〉을 두어 평신도 지도자들과 교회 임원들의 영성 교육과 훈련의 기회를 제공하는 일을 담당할 수 있다. 이와 함께 사회의 일반 지도층, 즉 정치가, 교육가, 사업가, 예술가, 각 기관의 지도층 인사, 그리고 각 분야 전문가들의 영성 함양 및 인성 개발과 영적 쇄신의 기회들을 제공하여, 민족과 사회의 정화와 평화의 증진과 화합과 통일을 유도해 나가는 데 기여할 수 있게 한다. 영성 함양과 영성 교육은 다만 교회(종교)만의 문제가 아니라, 전 사회의 정화와 평화 증진과 화합에도 영향을 끼치는 것이다. 왜냐하면 교회의 타락과 부패는 사회의 부패로 직결되며, 반대로 교회(종교)의 갱신과 순화는 민족 전반의 순화(정화)와 갱신에도 지대한 영향을 미치기 때문이다.

지난 수십 년 동안 우리는 교회 갱신을 부르짖어 왔다. 그러나 오늘의 한국교회는 갱신은커녕 그 반대의 길로 치닫고 있는 인상이다. 거의 매일 교회와 교회 지도층, 그리스도인들의 불미스럽고 비도덕적인 일들이 사회에 회자된다. 교회 갱신은 구호만으로는 이루어질 수 없다. 따라서 이제 우리는 과감하게 교회 갱신의 근본적인 치유책을 세우지 않으면 안 된다. 필자는 교회 갱신의 근본적인 치유책을 신학 교육의 개선에서, 즉 신학 교육의 틀과 제도의 갱신에서, 다시 말하면 철저한 영성 함양과 영성신학에 기초한 신학 교육으로의 과감한 개혁에서 찾아야 한다고 생각한다. 이것은 오늘의 한국교회의 지상 과제요, 주님의 지상 명령일 수도 있다. 이 일은 네 교회 내 교회만의 문제가 아니라, 우리 모두의 문제인 것이다. 우리는 참으로 겸허한 자세로 현실을 직시하고 예리하게 성찰하면서 새로운 희망으로 미래를 조망해야 한다. 한 시편 기자는 이렇게 읊조렸다. "눈물을 흘리며 씨를 뿌리는 자는 기쁨으로 거두리로다." (시 126:5)

썩은 물을 어떻게 맑게 할 수 있을까? 유일한 방법이자 최상의 방법은 맑은 물, 생수를 부어 넣는 일이다. 생수는 누구이며 무엇인가? 바로 진리이신 예수님과 '진리의 영'인 성령이다. 영성신학은 진리이신 예수 그리스도를 이론으로, 기독론적으로 배우는 것이 아니라, 예수 그리스도의 마음을 온전히 소유하게 하여 예수화, 곧 그리스도화시켜 한 작은 예수, 한 작은 그리스도(a little Christ)가 되게 하는 신학을 말한다. 종교개혁자 마틴 루터는 이러한 신학을 '참 신학'이라고 하였다. 한국교회의 개혁과 갱신은 다른 어떠한 방법으로도 불가능해 보인다. 이미 너무나 깊이 병들었기 때문이다. 오직 한 길이 있다면 그것은 곧 참 신학인 예수신학, 즉 예수 영성을 추구하는 영성신학으로만 치유될 수 있다고 믿는다.

4. 한국교회, 무엇이 문제인가?

한국교회가 당면한 가장 큰 문제는 무엇인가? 왜 그렇게 활기차고 놀랍게 성장하던 한국의 개신교회가 오늘날 생기를 잃고 침체의 늪에 빠지게 되었는가? 왜 그 많은 젊은이들이 교회를 외면하고, 타종교에 관심을 갖거나 아니면 무종교인으로 전락하고 마는가? 그 가장 중요한 원인은 무엇인가? 이에 대한 분석과 진단은 시각/관점에 따라 다양하겠으나 필자가 보는 가장 중요한/근본적인 원인은 한국 (개신)교회가 기독교의 복음을 통전적으로 이해하지 못하고 있다는 점이다.

한국교회가 복음을 이해하는 가장 큰 특징은 지적인 요소와 의지적인 요소는 배제하고 주로 감정에 호소한다는 점이다. 인간의 온전한 인격 구성과 인식의 온전성 혹은 정당성은 바로 지·정·의(知情意)가 온전히 조화를 이룰 때 가능하다. 즉 그리스도인의 삶, 곧 성서의 말씀을 이해하는 일과 그것을 실천에 옮기는 일도 인격 구성의 3대 요소인 지성과 감성과 의지가 조화를 이룰 때, 비로소 아름다운 열매를 맺을 수 있는 것이다.

그런데 한국교회는 지금까지 복음을 이해하고 실행할 때, 주로 감정

하나에만 치중하고 지성과 의지를 외면하거나 무시했기에 교회와 교인들의 신앙이 건전하고 튼튼하게 서지 못하고 허약해져 버린 것이다. 그 결과는 어떠한가? 성경 말씀/복음을 깊이 이해하지 못하고 문자적으로나 피상적으로, 즉 현실세계와 동떨어진 방향으로 이해하고, 그 때문에 말씀을 읽거나 들어도 순간경험에 그치며, 그것을 삶에 적용하거나 실천에 옮기지 못하는 결과를 초래하게 된 것이다.

개신교회의 주역들인 종교개혁자들은 복음을 이해할 때 결코 감정에만 호소하거나 이성과 의지를 무시하거나 배제하지 않았다. 특히 칼빈이나 웨슬리는 복음 이해와 신앙생활에서 지적인 면과 의지적인 면을 매우 중요시하였다. 심지어 웨슬리는 진정으로 "이성적이지 않은 것은 종교적인 것이 될 수 없다."고까지 하였다. 즉 종교개혁자들은 복음을 이해하는 데나 참된 기독교적 신앙생활에서 지성과 감성과 의지의 세 요소를 한시도 없어서는 안 될 필수 불가결의 요소로 본 것이다. 왜냐하면 참된 신앙은 결코 감정에만 호소하는 것이 아니라 지성과 의지까지 모두 요구하고 포함하기 때문이다.

신앙, 곧 참된 믿음이란 지성과 의지를 무시하거나 배제하는 것이 결코 아니다. 특히 성령은 우리의 지성을 파괴하는 것이 아니라, 오히려 더욱 순수하고 밝게 하여(enlightening) 하나님의 신비의 세계까지 깨닫게 한다. 그래서 예수님은 진리의 성령이 오시면 모든 것을 가르치시고 모든 진리 가운데로 인도하신다고 말씀하신 것이다(요 16:13). 모든 진리 가운데로 인도하신다는 말은 모든 깊은 진리를 깨닫고 실천할 수 있게 하신다는 말씀이다.

한국교회가 성령과 성령의 역사를 전적인 반지성주의적 현상(anti-intellectual phenomenon), 전적인 감정적/감성적 현상으로 이해한 데서 모든 문제가 발생한 것이다. 만일 성령의 역사/활동이 전적인 감정적, 반지성적 현상이라면, 진정한 의미의 영성 운동가요 성령 충만자이신 예수님이 어떻게 행동하고 활동하셨는지, 즉 그가 감정 위주로, 혹은 반지성적으로 행동하셨는지 살펴보아야 한다. 예수님은 항상 성령 충만한 상태였지만 언제나 조용한 중에 하나님의 심오한 계시의(영적인) 진리들을 간파하시고, 그 진리들을 누구에게나 알아들을 수 있게 가르쳐 주시는 지성과 차분함을 겸비하셨다.

예수님은 단 한 순간도 비이성적이거나 감정 위주의 열광적인 모습을 보이신 적이 없다. 언제나 조용하고 침착하며 깊이 있게 행동하고 말씀하며 가르치셨다. 그것이 바로 주님의 삶의 모습이요, 그의 복음 운동이며 성령 운동, 곧 영성 운동이었다. 예수님은 많은 병자들을 치유해 주셨지만, 열광주의적인 감정적 흥분 상태에서 행하지 아니하셨다. 성경에는 예수님과 성령의 관계에 대한 언급이 많다.

- 그의 위에 여호와의 영 곧 지혜와 총명의 영이요 모략과 재능의 영이요 지식과 여호와를 경외하는 영이 강림하시리니 (사 11:2)
- 하나님이 보내신 이는 하나님의 말씀을 하나니 이는 하나님이 성령을 한량없이 주심이니라 (요 3:34)
- 하나님이 오른손으로 예수를 높이시매 그가 약속하신 성령을 아버지께 받아서 너희가 보고 듣는 이것을 부어 주셨느니라 (행 2:33)
- 하나님이 나사렛 예수에게 성령과 능력을 기름 붓듯 하셨으매 그가 두루 다니시며 선한 일을 행하시고 마귀에게 눌린 모든 사람을 고치셨으니 이

는 하나님이 함께 하셨음이라 (행 10:38)

예수 그리스도는 어떤 분이며, 어떠한 지도자였는가? 진정한 의미의 영적 지도자, 즉 진정한 의미의 성령론자, 성령 신학자, 성령 운동가, 성령 충만자셨다. 왜냐하면 그가 바로 성령을 한없이 기름 부음 받은 분이었기 때문이다. 예수님은 선교 사역 하나하나를 혼자 하지 않고 항상 성령의 인도와 도우심으로, 즉 성령과 함께 행하셨다. 그러므로 진정한 의미의 성령 운동이 어떤 것인지를 알려면 예수님이 어떻게 복음 운동을 하시고 어떻게 가르치셨는지, 즉 어떻게 일하고 살고 행동하셨는지를 자세히 관찰하고 그렇게 살고 따라야 하는 것이다. 왜냐하면 우리 모두는 예수님의 제자이기 때문이다. 제자는 스승의 하는 일을 그대로 본받아야 한다. 스승이 하지 않은 엉뚱한 일이나 방법을 취해서는 안 된다. 또한 스승이 가르쳐 주신 진리의 범위를 벗어나거나 그것과 어긋나는 교설을 주장하거나 가르쳐서도 안 된다. 왜냐하면 제자가 스승의 가르침을 따르지 않으면 바로 제자의 자격을 상실하기 때문이다.

성령 충만자는 어떠한 사람을 말하는가? 바로 누구도 따라올 수 없는 높은 수준의 지성을 소유한 사람을 말하는 것이다. 왜냐하면 성령은 전지(全知)의 하나님의 영, 곧 진리의 영, 다시 말하면 하나님의 무한한 지혜의 영이기 때문이다. 그러므로 성령 충만자는 무엇보다도 보통 인간이 가질 수 없는 높은 차원의 지혜와 지성을 소유해야 한다. 그기에 고대의 교부들이나 영성가들은 당시의 철인이나 현인이 소유할 수 없는 높은 차원의 지성으로 하나님과 성경을 이해했고, 시대를 초월하여 감동을 주는 영성의 글들을 우리에게 남겨 준 것이다.

고대 교부들의 영성은 놀랍도록 높은 지성을 겸비하였다. 그들은 한결같이 성령의 임재와 활동을 최고로 중요시했지만, 그들의 영성(성령 운동)은 언제나 지고한 지성을 동반한 것이었다. 그 대표적인 인물이 이레니우스, 알렉산드리아의 클레멘트와 오리겐, 터툴리안, 아다나시우스, 카파도키아 교부들인 성 바질과 그레고리 나지안주스, 닛사의 그레고리, 제롬, 어거스틴 등이다. 특히 에바그리우스를 비롯한 동방교회 영성가들은 영성에서 지성의 중요성을 매우 강조하였다. 물론 개신교의 창시자들인 루터와 칼빈, 웨슬리도 그리스도인의 삶 또는 영성생활에서의 지성의 중요성을 인정한 것은 주지의 사실이다. 특히 칼빈과 웨슬리는 그리스도인의 신앙생활에서 지성/이성의 중요성을 누구보다 강조한 영성가들이었다.

기독교 역사상 지성과 영성(성령의 은사와 능력)을 가장 조화롭게 겸비한 영성가는 아마도 어거스틴일 것이다. 그는 사색하는 영성가, 기도하는 사색가, 그리고 항상 끊임없이 진리를 추구하는 구도자이면서 동시에 교회의 안정을 도모하는 탁월한 치리자였다. 특히 고대 교회의 지도자들이 그처럼 높은 지성을 동반한 영성을 소유했기 때문에 그들의 영향력은 실로 엄청났고, 그 결과 불과 몇 세기 만에 전 지중해 연안과 북아프리카와 전 유럽을 복음화할 수 있었던 것이다. 이렇게 볼 때 오늘의 교회 지도자들도 지적 수준이 매우 높은 현대인들을 효과적으로 교화시키기 위해 고대 교부들이나 어거스틴과 같은 지성과 영성을 겸비한 영성가들이 될 필요가 있다.

이제 한국교회는 새롭게 출발해야 한다. 과거에 외국 선교사들이 심어 준 문자주의적 근본주의 신학이나 감정주의적인 은사 중심의 성령 운동만으로는 한국사회와 교회를 더 이상 이끌어 나갈 수 없다. 그러기에 빨리 대안을 찾아야 한다. 그렇지 못하면 교회는 점점 더 깊은 침체의 길로 갈 수밖에 없다. 그러면 그 대안은 무엇인가? 바로 지·정·의가 조화를 이룬 참 신앙 운동인 예수 영성으로 복귀하는 일이다.

오늘날 우리는 전대미문의 발전을 이룬 우주과학시대, 전 세계인이 함께 생각하고 함께 느끼는 지식/정보 공유시대에 살고 있다. 이런 현대인들의 마음을 사로잡고 감동을 줄 수 있는 성경 해석과 설교의 능력을 어디에서 찾을 것인가? 이것은 실로 중대하고도 어려운 문제가 아닐 수 없다.

그러나 방법이 없는 것은 아니다. 그리고 그 방법이란 바로 지성과 영성이 조화를 이룬 전인격적 통전적 영성인 예수의 영성으로 돌아가는 일이다. 그리하여 이것을 목회/설교와 선교와 신학 교육 등 전 분야에 적용하는 것이다. 그러기 위해서는 먼저 오늘의 시대정신을 정확히 파악해야 한다. 사람들은 21세기에 살고 있는데, 목회자들은 원시사회나 봉건사회의 의식 구조로 성경을 해석하고 설교를 한다면 어떻게 현대인들을 감화시키고 교화시킬 수가 있겠는가?

종교개혁자들이 우리에게 물려 준 복음주의(evangelism)란 보수주의(conservatism)나 근본주의(fundamentalism)를 말하는 것이 아니다. 예수님의 말씀(복음)과 인격과 정신을 진리로 믿고 실행에 옮기는 신행일치(信行一致)주의, 즉 예수/그리스도 중심주의, 다시 말하면 예수 영성 제일주의를 지칭하는 것이다. 예수 영성은 삼위일체 영성에 기초한 강력한 행동하는 영성을 내포한다. 따라서 예수 영성과 복음주의는 강력한 정의사회 실현과 사회구조 개혁 정신도 내포하는 것이다. 그러한 예수 영성에 기초한 복음주의가 바로 20세기의 순교자 본회퍼(D. Bonhoeffer)와 같은 행동하는 영성가를 배출한 것이다. 예수 영성에 기초한 복음주의가 루터와 칼빈, 웨슬리의 복음주의 영성의 근본 내용이었다. 그들의 예수(복음) 중심주의 영성의 강력한 영향 때문에 종교개혁과 사회개혁이 일어났고, 결과적으로는 오늘의 민주주의 사회가 탄생하게 된 것이다.

　　오늘날 한국교회는 개신교회의 근본 정신인 복음주의를 새롭고 바르게 다시 이해하지 않으면 안 된다. 복음주의를 단순히 보수주의와 근본주의, 혹은 문자주의와 혼동해서는 안 되는 것이다. 물론 복음주의는 예수의 복음의 진수와 그 경계를 넘어서거나 빗겨 가는 자유주의나 진보주의도 거부하고 넘어선다. 왜냐하면 복음주의는 한마디로 철저한 예수/그리스도 중심주의, 즉 예수 영성 중심주의를 지칭하기 때문이다. 요컨대 예수의 영성은 결코 인간의 감성에만 호소하고 지성을 무시하거나 배제하는 영성이 아니라, 어디까지나 지성을 존중하며 중요시하는 영성이며, 거기에 강력한 의지의 실천성까지 아우르는 통전적 영성을 지칭하는 것이다.

　　예수님이 왜 십자가를 지시게 되었는가? 바로 당시 종교 지도자들의 불의와 부패와 싸웠기 때문이며, 그들의 율법주의, 문자주의, 형식주의를 타파하고 하나님 중심주의, 곧 진리 중심주의 영성 운동을 전개했기 때문이다. 예수님은 자신의 생사가 달려 있는 빌라도의 법정(심판대)에서 의연하고 당당하게 자신이 이 세상에 온 것은 '진리'에 대하여 증거하기 위함이라고 말씀하셨다. 이러한 면을 볼 때 예수님의 복음 운동/영성 운동은 이 세상과 당시 종교 지도자들의 불의와 타락, 그리고 형식주의/율법주의의 낡고 죽은 종교에 대항한 생명 운동, 곧 '비 진리'에 맞선 '진리' 운동이었다고 말할 수 있다.

　　이제 해답은 자명해졌다. 한국교회가 활기를 되찾고, 현대인들의 고

달프고 허전하며 아픈 마음을 치유하며, 이 민족과 사회에 희망을 주기 위해서는 한국교회와 지도자들이 현재의 상황에 안주하거나 자책하거나 자포자기하는 데 머무르지 말고, 근본적인 정신개혁, 사고와 의식의 개혁, 패러다임의 개혁, 신학 노선의 개혁을 단행해야 하는 것이다. 예수님의 만고의 진리의 말씀, 곧 "새 술은 새 부대에 담아야 한다."는 말씀의 뜻을 잘 이해해야만 한다.

새 술은 무엇을 말하는 것일까? 바로 예수님이 전개한 영성 운동, 곧 진리와 사랑과 평화의 복음 운동, 즉 이 땅의 사람들을 하나님의 의(진리)와 사랑과 평화의 사람들로 변화시켜 이 땅에 하나님의 나라를 실현시키는 진리의 성령 운동, 다시 말하면 지·정·의를 종합한 통전적 영성인 예수의 영성 운동을 지칭하는 것이다. 그러기 위해서는 반드시 예수의 영성을 올바르게 이해하고 깨닫는 일이 선행되어야 한다. 왜냐하면 올바른 '행동(action)'은 올바른 '앎(knowing)'에서 비롯하기 때문이다.

예수의 영성

초판 1쇄 2009년 3월 23일

류기종 지음

발 행 인 | 신경하
편 집 인 | 김광덕

펴 낸 곳 | 도서출판 kmc
등록번호 | 제2-1607호
등록일자 | 1993년 9월 4일

(100-101) 서울특별시 중구 태평로1가 64-8 감리회관 16층
        (재) 기독교대한감리회 출판국
대표전화 | 02-399-2008 팩스 | 02-399-4365
홈페이지 | http://www.kmcmall.co.kr
        http://www.kmc.or.kr
전자우편 | kmcpress@chol.com

디자인·제작 | 밀알기획 (02-335-6579)

값 9,000원

ISBN 978-89-8430-415-4 03230